Ute Heimlich · Chillst du noch oder hast du schon Kohle?

Ute Heimlich

Chillst du noch oder hast du schon Kohle?

Der unliebsame Abschied vom Nichtstun

Hinweis

Die Angaben und Empfehlungen in diesem Buch sind von der Autorin sorgfältig recherchiert und geprüft worden; dennoch kann keine Garantie übernommen werden. Eine Haftung der Autorin für Personen- Sach- und Vermögensschäden ist ausgeschlossen.

Satz und Layout: Buch&media GmbH, München
Umschlaggestaltung: Kay Fretwurst, Freienbrink
Autorinnenfoto: Marlies – fine art portraits
Herstellung und Verlag: Books on Demand GmbH, Norderstedt
Printed in Germany
ISBN 978-3-8448-9286-4

Inhalt

Vorwort

Sind Sie mit Ihrem Leben zufrieden? Frei von finanziellen Problemen? Sind Sie finanziell abgesichert, um auch eine längere Durststrecke problemlos zu überstehen? Macht Ihnen Ihr Job Spaß? Setzen Sie sich regelmäßig Ziele, die Sie dann auch entsprechend verwirklichen? Leben Sie Ihre Träume aus? Führen Sie Ihr Leben nach Ihren Vorstellungen?

Wenn Sie alle Fragen mit Ja beantworten können, muss ich Ihnen leider mitteilen, dass dieses Buch vermutlich ein Fehlkauf war. Sie führen ein zufriedenes und sorgenfreies Leben, und die Ausführungen werden Ihnen weitestgehend bekannt sein.

Ein Großteil unserer Bevölkerung ist jedoch mit dem eigenen Leben unzufrieden. Insbesondere die berufliche und finanzielle Verdrossenheit nimmt stetig zu, was ich seit Jahren auch in meinem näheren Umfeld mitbekomme. Ziel dieses Buches nun ist es, all den mehr oder weniger Unzufriedenen berufliche und persönliche Perspektiven aufzuzeigen, die ihnen ein sorgenfreies Leben, bestenfalls die finanzielle Freiheit, ermöglichen können.

Die Bereitschaft, seine bisherige Einstellung und auch den Lebensstil zu ändern, sollte hierfür unbedingt vorhanden sein. Wer hingegen an einer Null-Bock-Einstellung oder der Devise: »Ich arbeite, um zu leben, und lebe nicht, um zu arbeiten« festhalten möchte, der legt dieses Buch am besten gleich wieder zur Seite. Er verkriecht sich dann wieder in sein Selbstmitleid, macht sich einen faulen Lenz (die Übersetzung für »chillen«) und Gott und die Welt für sein Unglück (Arbeitslosigkeit, Schulden, keine Kohle, unerfüllte Wünsche etc.) verantwortlich.

Mein persönliches Ziel war es nie, »Kohle zu machen«, um mich gegenüber meinem Umfeld entsprechend zu profilieren. Teure Wertgegenstände wie Schmuck, Gemälde oder Designerklamotten habe ich mir daher nie »geleistet«. Vielmehr war es mein Wunsch, finanzielle Unabhängigkeit zu erreichen, abgesichert zu sein und ein weitestgehend selbstbestimmtes Leben zu führen. Ich wollte dies nicht, um nichts mehr tun, nicht mehr arbeiten zu müssen, sondern um selbst darüber entscheiden zu können, was ich tue und wie ich meine Zeit einteile. Den Begriff »finanzielle Freiheit« muss jedoch jeder für sich selbst festlegen. Für viele bedeutet diese Freiheit, dass sie keine Schulden haben und über genug Ersparnisse verfügen, um sich ihre Konsumwünsche, ohne groß nachdenken zu müssen, erfüllen zu können. Eine genaue Definition gibt es nicht.

Dieses Buch möchte Sie zum Nachdenken anregen und anhand von praxisbezogenen Beispielen aufzeigen, wie jeder seine persönliche, auf ihn abgestimmte finanzielle Freiheit erreichen kann. Ich habe hierbei bewusst weitestgehend auf Zahlen und Statistiken, mit denen wir täglich in den Nachrichten überflutet werden, verzichtet, da sich aus meiner Erfahrung praxisbezogene Beispiele eher verinnerlichen.

Der Weg, den ich empfehle, ist zwar im Gegensatz zu dem in den meisten im Markt befindlichen Lektüren Aufgezeigten nicht bequem, aber Geld, Glück und Erfolg kommen auch nicht vom Füßehochlegen. Sollte dies doch einmal der Fall sein (zum Beispiel durch eine Erbschaft oder einen Lottogewinn), muss man immer noch in der Lage sein, diesen unerwarteten Geldsegen richtig zu verwalten und nicht gleich zu verprassen.

Aufgerufen dieses Buch zu lesen sind alle, die mit ihrer Situation unzufrieden sind, sich persönlich und finanziell weiterentwickeln wollen und dabei bereit sind, neue und oft unbequeme und anstrengende Wege einzuschlagen. Insbesondere das sorglose »Abchillen« wird dem nicht mehr möglich sein, der diese Lektüre verinnerlicht hat.

In erster Linie haben mich folgende Fakten bewogen, auf die Thematik »Abbau von Schulden und finanzielle Unabhängigkeit« näher einzugehen:

- Die Zahl derer, die Privatinsolvenz anmelden, wächst in Deutschland wieder. 2012 werden es voraussichtlich 105 000 Betroffene sein, erwartet der Bundesverband Deutscher Inkasso-Unternehmen (BDIU). Ursache sind meiner Meinung nach neben Faktoren wie Arbeitslosigkeit, Scheidung oder Krankheit vorwiegend die inzwischen so selbstverständlich gewordenen Konsumkredite. Mehr als ein Drittel aller Deutschen hat derzeit einen Konsumkredit laufen. Die dahinterstehenden Waren sind häufig Luxusgüter, die auf Pump gekauft werden, ohne dass sie tatsächlich gebraucht würden.

- Insbesondere bei den 18- bis 28-Jährigen ist ein beträchtlicher Anstieg an Privatinsolvenzen festzustellen. Hier stellt oft das Elternhaus in seiner Vorbildfunktion das eigentliche Problem dar. Wer in einem Umfeld aufgewachsen ist, in dem das Schuldenmachen eine Selbstverständlichkeit war, oder wer im Gegensatz dazu von den Eltern in seiner Kindheit und Jugend immer alles bezahlt bekommen hat, wenn er einen Engpass hatte, der denkt sich auch später nichts dabei, weiterhin alles »auf Pump« zu kaufen.

Diese Tatsachen und meine Beobachtung, dass auch bei so vielen Menschen um mich herum eine berufliche Unzufriedenheit, mangelndes Selbstbewusstsein und/oder finanzielle Schwierigkeiten bestehen, haben mich erschreckt und zugleich bewogen, aktiv zu werden. Dieses Buch wird die genannten Tatsachen sicher nicht ändern oder alle Leser glücklich, zufrieden und reich machen. Aber wenn es mir gelingt, nur einem Leser beruflich oder persönlich eine Perspektive aufzuzeigen, um dadurch seiner finanziellen Misere zu entkommen, dann ist dies jede Zeile wert.

Mein persönliches Anliegen

Ich bin sehr froh, dass ich in einem Land wie Deutschland aufgewachsen bin. Wir nehmen die Demokratie, in der wir leben, genauso wie unser Schul- und Bildungssystem sowie unsere soziale Absicherung, um nur einige Vorteile unseres Landes zu nennen, oftmals als selbstverständlich hin. Es sind jedoch enorme Vorzüge gegenüber den Bedingungen in anderen Ländern, zum Beispiel in der Dritten Welt. Diese Grundlagen sind auch die Basis für alles, was ich hier beschreibe, und die Voraussetzung für das Erreichen Ihrer finanziellen und beruflichen Ziele.

Da ich der Meinung bin, dass jeder, der es sich finanziell leisten kann (also hoffentlich auch Sie, spätestens nachdem Sie dieses Buch gelesen haben!), sein Geld und die Freude daran mit anderen Menschen teilen sollte, habe ich mich entschlossen, 20 Prozent meines Autorenhonorars an den Verein »Ärzte ohne Grenzen e. V.« zu spenden, um Menschen in Not medizinische Versorgung zukommen zu lassen. Somit tragen Sie bereits mit dem Kauf dieses Buches dazu bei, die Welt ein klein wenig freundlicher und gerechter zu gestalten und andere Menschen auf dem Weg in deren »gesundheitliche« Freiheit zu begleiten.

Teil 1:
Grundlagen für ein erfülltes Leben und den Weg in die finanzielle Freiheit

Der unbequeme Weg der Kindererziehung, oder: Wie vermittle ich meinen Kindern wirklich wichtige Werte?

Ich habe schon immer zur sogenannten Mittelschicht gehört. Vielleicht in der Kindheit eher zur mittleren Mittelschicht und jetzt, dank Glück, Fleiß und einem energiegeladenen Ehemann, wahrscheinlich eher zur oberen Mittelschicht. Mein Glück fing damit an, dass ich in ein liebevolles Elternhaus hineingeboren wurde und von meinen Eltern Dinge wie Fleiß und Sparsamkeit, aber auch Ehrgeiz und Wissbegierde mit auf den Weg bekommen habe.

Wir hatten in meiner Kindheit nie übermäßig viel Geld, da meine Eltern aus einfachen Verhältnissen stammten und ihnen nichts geschenkt wurde, aber wir mussten trotzdem nie »am Hungertuch nagen«. Es wurde eben nur das gekauft, was auch benötigt wurde. Meine Eltern sind hier stets standhaft geblieben, auch wenn wir Kinder ihnen noch so viele Vergleiche aufführten von anderen, die so viel mehr bekamen.

Nach den heutigen Schlagzeilen zu urteilen, wären meine Schwestern und ich wohl unter die Kategorie »Kinderarmut« gefallen. Obwohl wir das heute alle nicht so empfinden, da auch in unserem Umfeld, bis auf einige Ausnahmen, Höhenflüge nicht möglich waren. Aber wir konnten jeden Schulausflug mitmachen, fuhren jedes Jahr mit den Eltern in den Urlaub und nahmen an etlichen kulturellen Veranstaltungen teil. Nur im Bereich teurer Markenkleidung und technischer Neuheiten, die aufkamen, konnten wir nicht mithalten. Ebenso mussten wir auf teure Hobbys verzichten, denen einige Freundinnen nachgehen konnten (Reiten, Ballett, Tennis etc.). Bei uns gab es die preisgünstigeren Alternativen: den Turnverein, den Kinderchor, das Flötenspielen und die Deutsche Lebensrettungsgesellschaft.

Manch einer wird es in der jetzigen Zeit nicht glauben, aber wir haben es überlebt! Vielleicht hatten wir dadurch eine stressfreiere und glücklichere Kindheit als so manche Freundin oder Kinder der heutigen Generation, deren »Freizeitplan« ihnen kaum Zeit für ihr Kind-Sein lässt. Natürlich war es nicht immer ganz einfach, aber es hat uns für das Leben geprägt und stark gemacht. Wer in der Kindheit nicht schon Verzicht üben kann oder auch mal für die eine oder andere Mitarbeit kleine Belohnungen erhält, hat meiner Meinung nach wenig Chancen, im Leben etwas zu erreichen.

Die Grundeinstellung wird in der Regel durch das Elternhaus geprägt. Viele Eltern meinen heute, ihren Kindern materiell so viel wie möglich bieten zu müssen. Sie kaufen ihnen viele Dinge, die nicht zum alltäglichen Bedarf gehören. Überdies werden die Kleinen dann häufig noch als sparsam bezeichnet und dafür gelobt, dass sie so viel Geld auf ihrem Sparbuch angesammelt haben und es nicht für unnötige Dinge ausgeben. Brauchen sie ja auch nicht, dies erledigen ja die Großen schon für sie.

Wenn wir früher zum Beispiel eine Jugendzeitschrift wollten, mussten wir sie von unserem Taschengeld bezahlen. Heute werden solche »Kleinigkeiten« ganz automatisch in den Einkaufswagen gelegt und unter dem Posten »Haushaltsgeld« verbucht. Im ersten Moment eine nette Geste der Eltern, aber eigentlich nur ein Erziehungsfehler mehr, frei nach dem Motto: Wie schaffe ich es, dass mein Kind keinen Bezug zum Geld aufbaut?

Eine Bekannte erzählte mir kürzlich, dass sie ihrer Tochter zur Einschulung einen Schulranzen für 180 Euro gekauft habe, und fügte zur Erläuterung an, dass dies in der heutigen Zeit sehr wichtig sei da alle Kinder bei der Einschulung einen solchen Ranzen hätten und sie ihre Tochter nicht mit einem No-Name-Produkt losschicken könne. Meine Reaktion hierauf brauche ich vermutlich nicht zu schildern. Ich habe ich ihr dann erklärt, dass sie ihrer Tochter mehr geholfen hätte, wenn sie ihr eine einfachere Ausführung gekauft und sie stattdessen mit den passenden Argumenten ausgestattet hätte, wenn Mitschüler sie hänseln sollten. Es kommt noch hinzu, dass ein pinkfarbener Schulranzen mit dem Aufdruck eines namhaften Kinderspielzeugherstellers sicherlich nach spätestens zwei Jahren ausgedient haben dürfte, da er dann zu »kindisch« geworden ist.

Ein solches Konsumdenken gab es auch schon in meiner Jugend. Eine Freundin schaute mich damals von oben bis unten an und meinte abwertend: »Du bist zwar immer nett angezogen, aber ich habe dich noch nie in einem Sweatshirt, sondern immer nur in Pullovern gesehen.«

Meine wenig nette, aber schon damals von einem gewissen Selbstbewusstsein geprägte Antwort war nur: »Du hast zwar mehr Taschengeld als ich, aber ich sehe besser aus. Später werde ich bestimmt mehr Geld haben als du, aber du wirst nie hübscher sein als ich.« (Vor einiger Zeit habe ich diese Jugendfreundin wieder getroffen, und was soll ich sagen – ich hätte Hellseherin werden sollen ...)

Taschengeld ist so ein Punkt. Dies sollte immer ein fest kalkulierbarer und nicht verhandelbarer, dem Alter angepasster Posten sein. Was ich beim Einsatz meines Taschengeldes schon sehr früh, nämlich mit dreieinhalb Jahren, lernen musste, war die Begrenztheit beziehungsweise Endlichkeit dieses »Wochenlohns«. Ich bekam damals 50 Pfennig zur freien Verfügung und man bekam ja für 10 Pfennig eine Kugel Eis, Kaubonbons oder eine Wundertüte. Wenn ich mir allerdings montags schon fünf Sachen hiervon oder teurere Dinge leistete, war das Geld weg und bis Sonntag herrschte Ebbe in der Kasse. Das war schon eine schmerzhafte Erfahrung. Extra Leistungen wurden jedoch belohnt. Kleine Hilfen dagegen waren selbstverständlich und wurden auch eingefordert: abtrocknen, Zimmer aufräumen etc.

Kinder sollten schon von früh an daran gewöhnt werden, dass Geld nicht ohne Gegenleistung zu erhalten ist. Doch heute geht es oftmals nur um die Höhe des Betrages, den sie bekommen, nicht um eine Leistung. Was kriegen die Freunde? Von einer Gegenleistung hängt dies nur noch in Ausnahmefällen ab, oder wann haben Sie einen Jugendlichen das letzte Mal beim Autowaschen, Straßekehren oder bei der Hausarbeit beobachtet? Wie aber sollen diese Jugendlichen später realisieren, dass sie in der Arbeitswelt Leistung für ihr Gehalt erbringen müssen?

Hierzu fällt mir gerade ein passendes Beispiel ein: Wir hatten in unserer Firma vor Jahren Megablaster-Wasserpistolen im Programm. Natürlich musste mein Mann, als großes Spielkind, unbedingt eine für sich mit nach Hause nehmen und diese entsprechend testen. Drei Nachbarjungs, die das beobachtet hatten, wollten daraufhin ebenfalls jeder ein solches Exemplar. Alle drei verfügten über ausreichend Taschengeld und bestellten das Erwünschte im Wert von etwa acht Euro auch sofort. Mein Mann brachte ihnen die Wasserpistolen mit, sie vereinbarten aber, dass sie, statt dafür Geld zu bezahlen, sein Auto waschen sollten. Dem stimmten die Jungs, alle zehn bis zwölf Jahre alt, zu. Dann unterlief meinem Mann jedoch der entscheidende Fehler: Er gab den Jungs vorab das heiß ersehnte Spielzeug und vereinbarte für den nächsten Morgen den Termin zur Autowaschaktion. Ich war skeptisch. Eine gute Leistung erbringen, obwohl man die Gegenleistung schon in den Händen hält? Und ich sollte recht behalten. Zwei Jungs kamen mit einer Stunde Verspätung, und als endlich alle beisammen waren, ging die Party so richtig los. Es wurde mit Wasser rumgespritzt, das Auto mehr verschmiert als geputzt, die Mütter kamen hinzu und unterstützten die Gaudi noch. Eine Mutter holte die Kamera, um Fotos zu schießen. Das Auto sah später fast schlimmer aus als vorher und mein Mann fuhr erst einmal in die Waschanlage.

Zum Glück wurde mir von meinen Eltern schon frühzeitig beigebracht, dass ich für mein Taschengeld »freiwillig« eine Gegenleistung zu erbringen hatte. Wollte ich mir Extrawünsche erfüllen, so musste ich mir diese für Ostern, Geburtstag, Weihnachten aufheben, das heißt ich lernte zu warten, und dies steigerte meine Vorfreude. Die Alternative war es, Extraarbeiten zu verrichten: Babysitten, einen Hund der Nachbarin Gassi führen, für sie einkaufen und Ähnliches. Ich bin meinen Eltern heute sehr dankbar für diese Erziehung, da sie mir für mein späteres Leben sehr weitergeholfen hat.

Vor Jahren konnte ich auf einem Flohmarkt diesbezüglich eine weitere, in meinen Augen richtige Erziehungsmaßnahme eines Vaters kennenlernen. Dieser Vater war mit seinen beiden Sprösslingen auf dem Flohmarkt, um Ware zu verkaufen. Später erzählte mir eines der Kinder, dass sie ihr Kinderzimmer komplett durchsortiert hätten und alle Spielsachen auf dem Flohmarkt verkaufen würden, mit denen sie seit Jahren nicht mehr spielten, ebenso Gegenstände, die sowieso noch nie benutzt wurden. Der Vater fügte erläuternd hinzu, dass er mit dieser Maßnahme seinen Kindern schon in frühen Jahren den Wert des Geldes vermitteln wolle. Die Kinder würden sich von diesem Verkaufserlös neue Spielsachen, Klamotten und anderes zulegen. Ihnen würde hierbei bewusst, wie viele Sachen sie verkaufen mussten und wie anstrengend die Zeit des Entrümpelns und des Verkaufens war, bevor man sich vom Erlös dann insgesamt oft nur einen einzigen größeren Wunsch erfüllen könne. Ich denke, dass diese zwei Kinder es in ihrem späteren Leben in Geldangelegenheiten leichter haben werden als so manch ein Nachwuchs, der von seinen Eltern jeden Wunsch von den Lippen abgelesen bekommt.

Vielen Kindern wird der Fehler ihrer Eltern erst richtig bewusst, wenn sie das wohlbehütete Elternhaus verlassen und auf eigenen Füßen stehen müssen. Das Geld reicht dann oft von vorn bis hinten nicht und es dauert immer so verdammt lang bis zum nächsten Ersten ...

Leider hat es auch unser Bildungssystem bisher versäumt, vermehrt so lebensnahe Themen wie Sparen, Schuldenvermeidung und Vermögensaufbau in den Schulunterricht einfließen zu lassen. Das Thema Finanzen sollte Bestandteil eines jeden Stundenplans sein. Es werden viele Themen in den Schulen abgehandelt, die im späteren Leben weitaus weniger benötigt werden. Wenn einem Jugendlichen die wirklich wichtigen Werte des Lebens nicht vermittelt werden und ihm die diesbezüglichen Grundlagen fehlen, wird er kaum die nötige Initiative aufbringen, um durch Leistung angestrebte Ziele zu erreichen. Es ging ja immer auch ohne.

Dann aber beginnt häufig der ungute Kreislauf: Die Jugendlichen, die eine Ausbildung antreten möchten, aber die notwendige Bildung und Erziehung nicht genossen haben, landen auf der Straße oder als ungelernte Kraft in einem Hilfsarbeiterjob. Da verdienen sie in der Regel sehr wenig (was auch von der Arbeitgeberseite oft verständlich ist, denn was sollen sie sonst ihrem ausgebildeten Personal bezahlen?), sodass sie über kurz oder lang keinen »Bock« mehr haben und sich lieber arbeitslos melden. Dann muss man nicht so früh aufstehen, kann den ganzen Tag vor dem Computer oder der »Glotze« sitzen, abchillen – und man erhält finanzielle Unterstützung durch das Sozialamt oder die Agenturen für Arbeit.

Um das richtigzustellen: Ich bin kein Gegner unseres Sozialstaates. Es gibt viele ältere und kranke Menschen, die meiner Meinung nach noch zu wenig finanzielle Unterstützung erhalten. Ebenso wie viele Rentner, die ihr Leben lang gearbeitet haben und heute mit einer geringen Rente auskommen müssen, die kaum zum Leben reicht. (Das sind in der Regel die Personen, die dann auch noch zu viel Stolz haben, einen Zuschuss zum Lebensunterhalt zu beantragen, weil sie ja ihr Leben lang nicht »beim Amt waren«, dafür aber Kinder großzogen, die heute berufstätig sind und für die Rente derer aufkommen, die sich durch Ganztagsarbeit beträchtliche Rentenanteile sichern konnten.) Natürlich schließe ich hierbei auch den Personenkreis aus, der völlig unverschuldet in die Arbeitslosigkeit oder eine sonstige Notlage geraten ist, beispielsweise durch eine Betriebsschließung.

Aber wie kann es sein, dass jemand, der jung und gesund ist, sich dauerhaft die Zeit zu Hause vertreibt und den kompletten Lebensunterhalt von unserem Staat (und das sind letztendlich wir alle) bezahlt bekommt?

Also liebe Eltern und künftige Eltern, dies ist ein Appell an Sie alle: Vermitteln Sie Ihrem Nachwuchs lieber Werte wie Fleiß, Strebsamkeit, Lust zu arbeiten, indem Sie diese Dinge durch berechtigtes, nicht übertriebenes Lob und kleine materielle Anreize fördern, anstatt ihn mit längerfristig gesehen wertlosen materiellen Dingen zu überhäufen. Und nehmen Sie sich die Zeit, ihren Sprösslingen den kritischen Umgang mit der Werbung näherzubringen, um auch von dieser Seite einer Konsumsucht entgegenzusteuern (dass unsere Medien hierzu einen erheblichen Anteil leisten, ist uns ja allen bewusst). Dies ist zwar sicher unbequemer und anstrengender, als den Kindern schnell mal nebenbei einen materiellen Wunsch zu erfüllen, wird die nächste Generation aber auf Dauer sicher weiterbringen. Und wenn es auch oft Jahre dauert, irgendwann werden sie Ihnen dankbar sein.

Kinder sind keine Fässer, die gefüllt,
sondern Feuer, die entzündet werden wollen.

Rabelais

Leidenschaft spornt an – Chillen war gestern

Eine ehemalige Mitarbeiterin hat mich vor Kurzem mit der Aussage konfrontiert: »Ich beneide dich am meisten um die Leidenschaft, mit der du, insbesondere beruflich, alle Themen angehst.« Mir selbst war dies bisher nicht so bewusst und ich bat sie um eine entsprechende Erläuterung. Daraufhin meinte sie, dass ihr das aufgefallen sei, wenn ich mich bei der Arbeit mal wieder lautstark über einen Auftrag gefreut hätte, den wir aufgrund eines von mir unterbreiteten Angebotes erhalten hatten. Oder dass ich, nachdem es mir gelungen sei, einen Lieferanten im Einkaufspreis zu drücken, Luftsprünge, verbunden mit lauten »Yippie«-Ausrufen, in meinem Büro veranstaltet hätte. Gleichzeitig hätte ich, nachdem ich ein paar Yoga-Übungen für mich entdeckt hatte, mein komplettes Team zu etwas Yoga während der Mittagspause im Büro animieren können, ich hätte mit meiner Leidenschaft alle mitgezogen.

Diese Aussage hat mich sehr nachdenklich gemacht. Im Nachhinein musste ich ihr recht geben. Ja, in meiner bisherigen 26-jährigen Berufslaufbahn habe ich fast jeden Tag gern und mit Leidenschaft gearbeitet. Bis auf die ersten drei Jahre, die Zeit meiner Ausbildung. Denn ich hatte eine wirklich schwierige Lehrzeit und immer wieder Differenzen mit meinem

Ausbilder. Ich weiß gar nicht, wie oft ich die Ausbildung einfach beenden wollte! Meine Mutter hat sich zwar in dieser Zeit immer für mich eingesetzt und wenn es mal wieder eskalierte auch meinen Ausbilder aufgesucht, um zwischen uns zu vermitteln, aber es wurde mir von meinen Eltern auch klar gemacht, dass ein vorzeitiger Ausbildungsabbruch nicht in Frage kommen würde. Schließlich würde ich dies mein Leben lang in Form meines Zeugnisses und meines Lebenslaufes mit mir herumtragen. Von meinem Vater bekam ich oft genug den Spruch zu hören: »Lehrjahre sind keine Herrenjahre!«

Wie habe ich meine Eltern damals dafür gehasst, da sie aus meiner Sicht nicht richtig hinter mir standen. Heute kann ich ihnen gar nicht genug dafür danken. Auch dass sie auf mich eingeredet haben, zumindest noch ein Jahr nach dem Abschluss im Ausbildungsbetrieb zu bleiben, weil sich das besser im Zeugnis machen würde und ich danach leichter eine neue Tätigkeit finden würde, hat sich ausgezahlt. Das Durchhalten hat sich gelohnt und mir meine spätere berufliche und finanzielle Weiterentwicklung ermöglicht.

Nach Beendigung der Ausbildung wurde ich in dem Unternehmen erst einmal als Springer in allen Abteilungen eingesetzt. Das fing bereits nach kurzer Zeit an, mich zu langweilen, aber es weckte auch meinen Ehrgeiz und ich wollte mehr erreichen. Ich suchte das Gespräch mit einem unserer Geschäftsführer, der mir folgenden Vorschlag unterbreitete: »Sie finden einen Bereich in unserem Haus, der Ihrer Meinung nach nicht richtig läuft oder besser laufen könnte, dokumentieren dies erfolgreich und erhalten von mir die entsprechende Stelle, die Sie dann weitestgehend eigenständig bearbeiten können.«

Das ließ ich mir nicht zweimal sagen. Innerhalb kürzester Zeit fand ich heraus, dass unser Mahn- und Klagewesen bisher nur »stiefmütterlich« von zwei Mitarbeitern aus zwei verschiedenen Abteilungen nebenbei bearbeitet wurde, und somit war es für mich ein Leichtes, dies zu dokumentieren und zu begründen. Mein Geschäftsführer hielt sein Versprechen, und ich trat voller Elan meine neue Stelle an. Die Reaktion der bisher mit dieser Arbeit nebenher betrauten Kollegen fiel verhalten aus und ich musste mir das komplette Arbeitsgebiet mehr oder weniger allein aneignen (mangels Internet rein durch Bücher und Seminare). Aber meine Leidenschaft war geweckt und hat über zehn Jahre in diesem Bereich angehalten. Das wiederum hat sich in den Abschreibungs- und Rückstandszahlen widergespiegelt und brachte mir nicht nur alle ein bis zwei Jahre erhebliche Gehaltserhöhungen ein, sondern durch den erreichten Erfolg auch eine innere Zufriedenheit und die Bestätigung, auf dem richtigen Weg zu sein. Als ich nach zehn Jahren aus dem Betrieb ausgeschieden bin, hatte ich mein Anfangsgehalt verdreifacht und einige »alteingesessene« Kollegen gehaltsmäßig überholt, ohne mich, wie heute üblich, durch ständig wechselnde Arbeitsstellen finanziell hochzuarbeiten. Meine Leidenschaft für meinen Beruf hatte sich also bezahlt gemacht.

Danach wechselte ich in ein völlig anderes Gebiet, den Brandschutz. In dem zu diesem Zeitpunkt noch relativ kleinen Unternehmen meines Mannes musste und wollte ich von ganz unten anfangen. Auch hier war das – in diesem Fall nur sprichwörtliche – Feuer schnell entflammt, und ich kannte den Produktkatalog bereits vor meinem ersten Arbeitstag in- und auswendig. Die darauffolgende Phase im Vertrieb war Neuland für mich, aber ich schaffte es in kürzester Zeit, mich in dieses Gebiet erfolgreich einzuarbeiten (natürlich waren auch hierbei Weiterbildungsmaßnahmen erforderlich). Später entdeckte ich dann noch den Marketing- und Einkaufsbereich für mich und konnte alle drei Bereiche zum Schluss erfolgreich und eigenständig leiten. Dieser Aufstieg wurde mir jedoch in erster Linie durch die Leidenschaft für meine Arbeit sowie meinen Ehrgeiz und die Aufgeschlossenheit gegenüber neuen Bereichen möglich.

In meinem Bekanntenkreis konnte ich über einen langen Zeitraum immer wieder beobachten, dass erfolgreiche Menschen, hier insbesondere auch viele Selbstständige, diese Begeisterung und Leidenschaft für ihre Arbeit ebenfalls an den Tag legen. Sie »leben und lieben« ihren Job, freuen sich jeden Tag über neue Herausforderungen und sind stolz auf erbrachte Leistungen.

Vielen anderen fehlt heute die Leidenschaft für ihren Beruf. Sie sehen darin lediglich den Austausch von Zeit gegen Geld. Ich habe vor einiger Zeit einen interessanten Artikel darüber gelesen, dass die Einstellung eines Mitarbeiters nichts mit der Stellung in einem Unternehmen zu tun haben muss. Viele Mitarbeiter, die Akkordarbeit an einem Band verrichten, sagen voller Stolz »wir«, wenn sie von ihrem Arbeitgeber sprechen, und erwähnen den Firmennamen, völlig unbewusst, in fast jedem Satz. Sie führen ihren Job voller Leidenschaft aus, identifizieren sich mit ihrer Arbeit und lassen zum Teil sehr gute, praxisbezogene Verbesserungsvorschläge in die Unter nehmen einfließen, was sich dann häufig auch finanziell für sie bemerkbar macht. Demgegenüber gibt es viele, die nach Feierabend kaum noch an ihr Unternehmen denken oder hierüber sprechen. Sie legen im Kopf einen Schalter um, haben ab dem Zeitpunkt Freizeit und bevorzugen das Chillen. Jeder Mensch ist anders gestrickt.

Seine Arbeit mit Leidenschaft auszuführen und beruflich erfolgreich zu sein, bedeutet aber keinesfalls zwangsläufig, eine Führungsposition innezuhaben. Landschaftsgärtner oder Müllmänner zum Beispiel, die ihre Arbeit lieben, weil sie gern draußen sind und sich gern körperlich betätigen, oder ein Pförtner, der in dem Kontakt zu seinen Mitmenschen Erfüllung findet, werden ihre Berufe sicher erfolgreicher ausführen und sich eher hervorheben als Personen, die der gleichen Tätigkeit nachgehen, nur um Geld zu verdienen.

Nach aktuellen Studien sind wir Deutschen mit unserer Arbeit immer weniger zufrieden und nur noch jeder Neunte zeigt Engagement in seinem Job. In der gesamten westlichen Welt gehen laut Umfragen nur etwa 20 Prozent der Angestellten mit Leidenschaft ihrer Arbeit nach. Erschreckend, oder? Und das bei der Zeit, die wir während unseres Berufslebens in unseren Job investieren!

Viele hangeln sich heute von Wochenende zu Wochenende und sehen die Arbeitswoche nur als lästigen Lückenbüßer und notwendiges Übel, um Geld zu erhalten, mit dem sie sich dann als Entschädigung die Wochenenden nett gestalten und versüßen können.

Sollten auch Sie zu diesem Personenkreis gehören, so möchte ich Sie fragen: Wollen Sie nicht Ihr Leben und Ihre Einstellung zu Ihrem Beruf ändern? Das Arbeitsleben ist zu lang und die geringe Freizeit für solche Belastungen zu kurz. Außerdem überträgt sich eine positive Einstellung zur Arbeit automatisch auch auf das Privatleben. Man kann die wenige Freizeit mit seinem Partner genießen, statt unzufrieden seine Launen an ihm auszulassen oder ihn mit seinen Problemen zu belasten.

Wenn Sie der Meinung sind, dass Ihre tägliche Arbeit für Sie keine Bedeutung hat, sollten Sie schnellstmöglich aktiv werden und an Ihrer Lage etwas ändern. Suchen Sie sich eine neue Tätigkeit, der Sie mit Begeisterung und Hingabe nachgehen können und in der Sie Ihre Visionen umsetzen können. Denn nur wenn Sie echte Leidenschaft für Ihren Beruf entwickeln, können Sie diesen auf Dauer erfolgreich und mit Spaß ausführen.

Und hier noch eine kleine Hilfestellung, wenn Sie der Meinung sind, dass Ihnen keine Tätigkeit einfällt, die Sie gern und mit Leidenschaft angehen würden, oder Sie sich nicht sicher sind, ob Ihr derzeitiger Beruf Sie wirklich mit Leidenschaft erfüllt: Stellen Sie sich vor, Sie hätten so viel Geld, dass Sie nicht mehr arbeiten gehen müssten. Würden Sie weiterhin Ihrer bisherigen beruflichen Tätigkeit nachgehen? Wenn nicht, was würden Sie tun? Schreiben Sie sich die Antworten spontan auf, auch wenn Sie Ihnen anfangs völlig absurd erscheinen. Viele Ideen klingen vielleicht im ersten Moment nach einem interessanten Hobby, für das man bisher zu wenig Zeit hatte. Hieraus können sich jedoch interessante Berufszweige, wenn vielleicht am Anfang auch nur nebenberuflich, ableiten lassen.

Diese Überlegungen und ein eventuell daraus resultierender Berufswechsel sind zwar nicht immer leicht und oft mit einigen Anstrengungen verbunden, werden sich aber ganz sicher auf die Dauer bezahlt machen.

Arbeite mit ganzem Herzen,
und du wirst Erfolg haben,
es gibt so wenig Rivalen.
Elbert Hubbard

Träume leben – Ziele setzen und erreichen

Ziel im Leben sollte es nicht sein, sich jeden Wunsch sofort zu erfüllen, sondern in erster Linie Träume zuzulassen, für diese zu leben – und sich immer wieder neue Ziele zu setzen. Vielen lebensmüden Menschen fehlt es heutzutage einfach an entsprechenden Zielen. Diese müssen nicht unbedingt materieller Art sein. Sie erfordern vielleicht einfach nur ein Aufraffen und Aktivwerden. Als oberstes Gebot gilt hier: Ziele müssen möglichst genau definiert werden! Es reicht nicht, zu sagen, das hätte ich gern oder das ist mein Traum. Nein, Sie müssen dieses Ziel genau planen und möglichst einen Zeitraum für das Erreichen festlegen!

Insbesondere in Partnerschaften beobachte ich häufig das Fehlen gemeinsamer Ziele. Diese aber halte ich persönlich für das A und O in einer Beziehung. Wenn jeder sich nur eigene Träume verwirklicht, ohne Rücksichtnahme auf den Partner oder ohne dass dieser hierbei eine Rolle spielt, ist die geistige Trennung oftmals schon vollzogen. Das Erreichen eines gemeinsamen Ziels stärkt jedoch jede Beziehung.

Die eigenen Träume sollten natürlich auch nicht außen vor bleiben. Ich habe mir vor Jahren für meine materiellen Träume eine spezielle Schublade eingerichtet, in der ich entsprechende Ideen oder Wünsche sammelte und weiterhin sammle. Hierin lag zum Beispiel jahrelang ein Prospekt eines Autoherstellers mit meinem kleinen, aber feinen Traumwagen. Als ich mir den Wagen vor einiger Zeit dann tatsächlich kaufen konnte (mein Mann und meine Eltern betrachten dies aufgrund der PS-Zahl noch immer eher als Alptraum) und den Prospekt meiner Schublade entnahm, war ich stolz wie Oskar. Auch die Zeit der Vorfreude und des Sparens, natürlich unter regelmäßigem Herausziehen der Schublade und der Betrachtung meines Traumes, möchte ich nicht missen. Ich hatte täglich vor Augen, wofür ich spare, und Vorfreude ist ja bekanntlich die größte Freude! Allerdings hatte ich mir von Anfang an diese Traumerfüllung als Ziel gesetzt. Ich wollte dieses Auto unbedingt haben und sah mich schon lange auf dem Fahrersitz, bevor ich mir das Auto hatte leisten können.

Im Laufe der Jahre haben so einige Produktseiten den Weg in meine Schublade gefunden und zum Glück auch wieder einen Weg aus ihr heraus! Wichtig ist, dass die Schublade niemals leer wird, denn sobald man sich einen Traum erfüllt hat, sollte man auch schon das nächste Ziel vor Augen haben.

Man sollte jedoch darauf achten, dass die Verwirklichung dieser Träume nicht die eigene finanzielle Existenz gefährdet. Träume sollten aus einem speziell hierfür eingerichteten Zusatzbudget (dem ernsthaften Sparen auf dieses Ziel hin – eventuell ergänzt durch Nebenjobs oder durch unvermutete Zahlungseingänge wie Geldgeschenke zu Geburtstagen, Lottogewinne oder Erbschaften) und nicht aus der eisernen Reserve bestritten werden.

Natürlich gibt es auch viele vermeintliche Träume, die schon nach kurzer Zeit als nicht mehr so wichtig erscheinen und deren Erfüllung man sich auch nie konkret als Ziel gesetzt hat. In diesem Fall zerreiße ich einfach die Seite und freue mich, dass ich hierfür kein unnötiges Geld ausgegeben habe.

Nur wenige Personen aus meinem Freundes- und Familienkreis wissen bisher von dieser Schublade, und einige halten mich auch sicher für etwas verrückt, aber mir hat sie geholfen, nach und nach alle meine Träume zu verwirklichen und meine Einstellung zur Realisierbarkeit von Wünschen und Zielen nachdrücklich zu verändern. Viele Menschen haben ihre Träume zwar im Kopf, da sie sich deren Realisierung jedoch nicht vorstellen können und sich dies auch nicht zum Ziel gemacht haben, verschwinden sie ganz schnell im »hintersten Kämmerlein«.

Beim gemütlichen Zusammensein mit einem Nachbarn beispielsweise erfuhr ich, dass dieser angeblich keine Träume und Ziele hätte. Ich wechselte daraufhin das Thema und fragte ihn, ob ihm seine Arbeit Spaß machen würde. Dies bejahte er zwar und erläuterte mir das auch ausführlich, endete jedoch damit, dass er eigentlich schon immer selbstständig sein wollte. Allerdings sei dies in seiner Berufssparte nur schwer möglich. Erneut änderte ich abrupt das Thema und erzählte ihm von dem neuen Sportstudio, das ich am Vortag besucht hatte (wohl wissend, dass mein Nachbar früher selbst in einem Sportstudio unterrichtet hatte). Nach kürzester Zeit schwelgte er in Erinnerungen an »frühere Zeiten«, in denen er noch aktiv in Sportstudios unterwegs war. Es dauerte gar nicht lange, bis der Satz fiel: »So ein Sportstudio unter eigener Regie zu führen, am besten noch mit einem angeschlossenen Massagebereich – dort sein eigener Chef zu sein, das war schon immer mein Traum!« Erst als ich laut »Ertappt!« rief, wurde ihm der Zusammenhang bewusst, sprich: Wir sind in das hinterste Kämmerlein eingetreten. Da sich mein Nachbar dieses Ziel jedoch nie wirklich gesetzt hatte und vermutlich auch nicht setzen wird, gerät dieser Traum wohl in Vergessenheit und bleibt für immer eine Vision. Hätte er sich den Traum vorab aufgeschrieben und in seine »Traumschublade« gelegt, hätte er täglich Vorfreude empfinden und die Alltagsprobleme in seinem jetzigen Job leichter bewältigen können. Schade!

Ich bin heute felsenfest der Meinung, dass man fast alle Ziele erreichen kann, sei es materieller oder auch immaterieller Art, wenn man seine Träume schätzen lernt und sie nie aus den Augen verliert. Und je höher man sich seine Ziele setzt und je mehr Energie man hierfür aufwenden muss, umso größer ist die Freude über das Erreichte.

Jeder kann »Kohle machen«, der Wille zählt!

Diese Überschrift ist zwar etwas provokant, ihre Aussage hat sich meiner Erfahrung nach jedoch häufig bestätigt. Ich bin überzeugt, dass beispielsweise jemand mit einem guten Realschulabschluss beruflich mehr erreichen kann als jemand, der das Abitur gemacht und später studiert hat, wenn Ersterer eine größere Leidenschaft für den von ihm gewählten Beruf mitbringt und vor allem den Willen hat, beruflich erfolgreich durchzustarten!

Dem Wort Leidenschaft räume ich einen sehr hohen Stellenwert ein, wie Sie sicher schon feststellen konnten. Vielleicht, weil es für mich selbst eine Grundlage für meinen beruflichen Weg und das Schreiben dieses Buches gebildet hat. Wenn Sie sich beruflich den Traum verwirklichen, eine Arbeit zu finden, die Ihnen Spaß macht und in die Sie alle Leidenschaft investieren, wird der Erfolg nicht ausbleiben und das »Kohlemachen« ergibt sich fast von allein. Der Wille und die Vorstellungskraft sind jedoch hierfür ganz wichtige Voraussetzungen.

Vom Tellerwäscher zum Millionär ist für mich nicht nur eine Vision. Ich denke, dass es viele Millionäre auf diese oder eine ähnliche Art geschafft haben. Sie haben ganz unten angefangen und sich durch Ehrgeiz, Willensstärke, Arbeitseifer und Leistungsbereitschaft in ihrem Beruf ganz nach oben gearbeitet. Mit der Einstellung: »Ich bin halt nur Tellerwäscher und aufgrund meiner schulischen Ausbildung werde ich es auch immer bleiben«, haben sie es ganz sicher nicht erreicht. Vielmehr hatten sie ein Ziel vor Augen und sind diesem mit voller Leidenschaft und Willensstärke nachgegangen, um ihre Pläne und Visionen umzusetzen. Leidenschaft allein reicht hier natürlich leider nicht immer aus. Ein gesundes Selbstvertrauen und der unbedingte Wille, etwas zu erreichen, müssen in jedem Fall vorhanden sein.

Die Veröffentlichung dieses Buches ist ein passendes Beispiel hierfür. Nachdem ich mein Manuskript fertiggestellt hatte, begab ich mich auf die Verlagssuche. Ich hatte den festen Willen, das Manuskript zu veröffentlichen und nicht in einer Schublade »einstauben« zu lassen. Die eingehende Verlagssuche und die entsprechenden Recherchen erwiesen sich als fast zeitaufwendiger als die Erstellung des Manuskriptes.

Manchmal ist der erste Gedanke jedoch der Beste.

Anfangs spielte ich nämlich mit dem Gedanken, dies über BoD in Norderstedt veröffentlichen zu lassen, da ich hier das Gefühl hatte, dass das Buch bis zum Schluss »mein Kind« bleiben würde, dessen »Lebensweg« ich mehr als bei vielen Verlagen beeinflussen würde können. Aufgrund einiger wohlgemeinter Ratschläge versuchte ich mein Glück dennoch bei einigen Verlagen. Irgendwann hatte ich dann jedoch die Eingebung, dass diese Verfahrensweise nicht im Einklang mit der Aussage meines Buches steht. Wenn ich die Einstellung habe, dass jeder, der sein Geld liebt, dieses am besten selbst verwalten und vermehren kann und hierfür auch die Verantwortung übernehmen muss, warum sollte es dann bei der Veröffentlichung und Vermarktung eines Buches anders sein? Ich war doch von meinem Manuskript überzeugt! Meine komplette Leidenschaft für das Schreiben und die mir so am Herzen liegende Thematik waren hier eingeflossen. Warum also sollte ich anderen alle Entscheidungen überlassen und die Verantwortung an sie weitergeben?

Kurz und gut, obwohl noch einige Rückantworten/Entscheidungen der Verlage ausstanden und mir bereits Zu- und Absagen anderer Verlage »ins Haus geflattert« waren, entschloss ich mich, meinen Ursprungsgedanken wieder aufzunehmen.

Ich beauftragte BoD in Norderstedt, unter Hinzuziehung eines professionellen Layout- und Lektoratsservices, mein Manuskript auf meine Kosten zu veröffentlichen. Bereits mit meiner Vertragsunterschrift hatte ich das Gefühl, genau das Richtige getan zu haben. Ich hatte die Umsetzung selbst in die Hand genommen, ohne auf die Entscheidung eines anderen angewiesen zu sein, und bin seit diesem Zeitpunkt für »mein Kind« weitestgehend selbst verantwortlich.

Hurra! Das ist genau das, was ich wollte!

»Wo ein Wille ist, ist auch ein Weg«, pflegte schon meine Großmutter zu sagen.

Das bedeutet aber in erster Linie, selbst von seinem Tun überzeugt zu sein, anders als andere zu arbeiten, Entbehrungen hinzunehmen, Neues auszuprobieren und eine gewisse Risikobereitschaft mitzubringen. Einen der wesentlichen Faktoren (Stichwort Entbehrungen) sehe ich hier beim Verzicht auf Freizeit. Denn selbst wenn man persönlich dazu bereit ist, für eine gewisse Zeit auf Freizeit und Urlaub zu verzichten, und den Willen hat weiterzukommen, so ist es häufig der Partner, der hier nicht mitspielt. Es ist meist kein Problem, wenn der Partner bereits vermögend ist. Die Bereitschaft aufzubringen jedoch, den anderen auf dem Weg dorthin zu begleiten, sich mit ihm weiterzuentwickeln und an einem Strang zu ziehen (mein Schwiegervater gab mir diese Weisheit mit auf den Eheweg: »Ihr könnt alles in eurem Leben erreichen, wenn ihr gemeinsam an einem Strang zieht«, und recht hatte er!), fällt vielen schwer. Ich habe in unserem Bekanntenkreis und geschäftlichen Umfeld viele junge, ehrgeizige Menschen kennengelernt, denen ich sehr viel zugetraut habe. Sobald ich jeweils den Partner kennenlernen konnte, war mir schon nach kurzer Zeit klar, ob diese Person mit ihm eine Chance hat oder nicht.

Insbesondere Leute, die den Sprung in die Selbstständigkeit wagen, sind auf das Verständnis und die Mithilfe ihres Partners angewiesen. Kaum ein Selbstständiger hat geregelte Arbeitszeiten. Kommt dann zu dem Druck, der sich aus dem beruflichen Neuanfang ergibt, noch mangelndes Verständnis oder fehlende Unterstützung durch den Partner hinzu, droht das Schiff zu sinken, noch bevor es den Hafen verlassen hat.

Zu einem erfolgreichen Berufsleben zählen neben der Partnerschaft in erster Linie der eigene Wille und das Vorhandensein eines gesunden Selbstbewusstseins. Wie will ich andere von etwas überzeugen, wenn ich nicht selbst dahinterstehe oder mir der Wille fehlt, das Vorhaben durchzusetzen?

Wenn ich in meinem Beruf nicht glücklich bin und den Willen habe, etwas zu verändern, habe ich hierzu auch eine Möglichkeit. Ich muss mir nur darüber klar werden, was ich überhaupt will. Sobald ich dieses Ziel vor Augen habe, muss ich mir Schritt für Schritt überlegen, wie ich es erreichen kann. Weiterbildung, Umschulung oder den Schritt in die (anfangs nebenberufliche?) Selbstständigkeit wagen? Diese drei Wege können Sie oftmals neben Ihrem eigentlichen Job noch beschreiten, um eine gewisse Absicherung zu haben.

Sollten Sie in Ihrem Job arbeitsmäßig voll zufrieden sein und sich lediglich schlecht bezahlt fühlen, ändern Sie nichts an Ihrem Beruf, sondern an Ihrer Einstellung. Viele Chefs vertreten meiner Meinung nach zu Recht die Auffassung: Warum soll ich für Standardleistung mehr bezahlen? Trifft das auch in Ihrem Fall zu? Fehlen Ihnen hier noch der richtige Elan und die Leidenschaft, um sich von den Kollegen entsprechend abzuheben und durch überdurchschnittliche Leistung automatisch eine Gehaltserhöhung zu erhalten? Oder haben Sie bisher Gespräche über Gehaltserhöhungen aus Bequemlichkeit oder Angst vermieden? Können Sie die Gründe für eine Gehaltserhöhung konkret darstellen? Sind Sie auch einmal bereit, auf den pünktlichen Feierabend zu verzichten, wenn es betriebsbedingt erforderlich ist? Haben Sie neue oder zusätzliche Aufgabengebiete übernommen und erfolgreich gemeistert?

Wenn Sie all dies positiv beantworten können, gilt es nun, dies auch überzeugend vorzubringen! Informieren Sie sich vorab über branchenübliche Durchschnittsgehälter. Dank Internet stellt das heute kein Problem mehr dar. Ist ihr Arbeitgeber durch Tarifverträge in dieser Hinsicht eingeschränkt, besteht vielleicht ja auch die Möglichkeit, innerhalb des Unternehmens auf eine andere Stelle zu wechseln, deren Aufgabengebiet höhere Anforderungen stellt und somit auch besser bezahlt wird.

Sollten sämtliche Verhandlungen ins Leere laufen, besteht immer noch die Möglichkeit zum Wechsel in ein anderes Unternehmen, wo Sie bereits im Vorstellungsgespräch Ihre Gehaltsvorstellungen darlegen sollten. Viele scheuen diesen Schritt, da sie in dem neuen Unternehmen, bedingt durch eine Probezeit, keine sichere Anstellung haben. Das stimmt zum Teil. Wenn Sie jedoch in der neuen Firma voller Elan und Tatendrang an die Arbeit gehen und diese mit völliger Leidenschaft ausfüllen, warum sollte man Sie entlassen? Gerade in kleineren und mittelständigen Unternehmen, in denen der Mitarbeiter nicht nur eine Nummer ist, sondern der Chef sehr wohl seine Mitarbeiter persönlich kennt und auch Einblick in ihre Arbeitsweise hat, werden selbst in Zeiten betrieblicher Engpässe immer wieder Mittel und Wege gefunden, diese Mitarbeiter in jedem Fall zu behalten.

Sie können also beruflich fast alles erreichen, wenn Sie es nur wollen. Der Erfolg in Ihrem Beruf wird sich dann auch entsprechend auf Ihr finanzielles Weiterkommen auswirken. Wichtig ist, sich vorab darüber klar zu werden, was man will und welche Ziele man hat. Nur das Ziel »Ich will mehr Geld« reicht in den seltensten Fällen aus.

Es genügt nicht, zum Fluß zu kommen mit dem Wunsch, Fische zu fangen.
Du musst auch das Netz mitbringen.

Chinesisches Sprichwort

Stellensuche mit Elan

Wichtig ist die Auswahl des für Sie richtigen Berufes, sowohl bei der Ausbildung als auch bei einem eventuellen späteren Berufswechsel. Denn nur wenn Ihre tägliche Arbeit Ihnen Spaß macht und Sie begeistert, können Sie die daraus resultierenden Aufgaben überdurchschnittlich gut erfüllen. Sobald Sie dieses Ziel für sich festgelegt haben, sollten Sie sich Gedanken über die Art Ihrer Stellensuche und Bewerbung machen. Auch hier gilt es in erster Linie, sich von den übrigen Bewerbern abzuheben.

Natürlich ist für viele der erste Gedanke das Arbeitsamt. Doch Sie wollen ja auch Ihre Leistungsbereitschaft aufzeigen, also sollten Sie andere Varianten mit einfließen lassen. Neben dem Arbeitsamt haben Sie die

Möglichkeit, eine private Stellenvermittlung einzuschalten. Hier ist das Engagement der Mitarbeiter, provisionsbedingt, oft etwas höher. Außerdem empfehle ich Ihnen, selbst aktiv zu werden. Nutzen Sie die Möglichkeit, ein Stellengesuch in der Tageszeitung zu veröffentlichen, und weisen Sie gezielt auf Ihre Stärken, Ihre Leistungsbereitschaft, aber auch auf Ihre Wunschvorstellungen hin. Eine solche Anzeige ist zwar mit Kosten verbunden, die jedoch in keinem Verhältnis zu Ihrem Ziel stehen, Ihren Traumberuf zu finden. Lesen Sie selbst aktiv die Stellenanzeigen in den Tageszeitungen und im Internet und geben Sie diese Quellen auf Ihrer Bewerbung unbedingt mit an. Es macht sich immer besser, wenn man durch die Presse auf die Stelle aufmerksam wurde, als durch das Arbeitsamt »geschickt« zu werden.

Es spricht auch nichts dagegen, persönliche Kontakte zu nutzen. Viele wissen gar nicht, dass sich in ihrem Bekanntenkreis jemand beruflich verändern möchte, und würden hier gern ein gutes Wort für ihn einlegen, weil das eigene Unternehmen vielleicht gerade eine solche Stelle vergeben möchte oder bereits händeringend nach Kandidaten sucht. Es gibt heute auch viele große Unternehmen, die diese Einstellungsart bevorzugen und hausintern bei Mitarbeitern nach entsprechenden Interessenten aus ihrem Bekanntenkreis nachfragen, bevor sie die Stelle offiziell ausschreiben.

In der Bewerbung selbst sollten sich Ihr Engagement und Ihre Freude an der Arbeit erneut (und dies nicht nur durch Standardfloskeln) widerspiegeln. Zeigen Sie Ihre Motivation für die ausgeschriebene Stelle, zeigen Sie, dass Sie sich über das Unternehmen informiert haben, und gestalten Sie die Bewerbung individuell, sowohl im Text als auch in der äußeren Aufmachung.

Ich hatte vor Jahren eine Bewerbung um eine Grafikstelle in unserem Haus in den Händen, die mich gleich faszinierte. Um die Qualifikationen dieser Bewerberin herauszufinden, musste ich einen von ihr entworfenen und bereits vorgestanzten, farblich sehr ansprechenden Würfel zusammensetzen. Diese Bewerbung hat sich in jedem Fall von den übrigen deutlich abgehoben. Eine andere Bewerbung hat mir anhand des Anschreibens gezeigt, dass sich die Bewerberin bereits eingehend mit unserem Unternehmen befasst hatte, was heutzutage anhand der oft sehr ausführlichen Firmengeschichte auf der Homepage des Unternehmens relativ einfach ist.

Achten Sie bei der Bewerbung in jedem Fall auf den ersten Eindruck, den Sie hinterlassen möchten. Hierzu gehört in erster Linie die äußere Form.

Ordentliche, ungeknickte Unterlagen in einem entsprechenden Umschlag lassen auf Sie als ordentliche Person schließen und bringen Ihnen bereits den ersten Pluspunkt ein. Ein absolutes Tabu stellen erkennbare Standardtexte für inhaltsgleiche Massenbewerbungen dar – zum Beispiel ein fotokopiertes Anschreiben mit nachträglich eingesetzter Firmenanschrift und Datumseintrag. Es klingt unglaublich, jedoch habe ich dies selbst erlebt. Dass man auch heute noch Wert auf eine ordentliche Rechtschreibung legt, sei nur am Rande erwähnt.

Ein ganz entscheidender Faktor für eine positive Bewertung Ihrer Person wird immer ein ansprechendes Passfoto sein. Selbst wenn dieses heute nicht mehr unbedingt als Bestandteil der Bewerbungsunterlagen vorgeschrieben ist, vermittelt es den ersten Eindruck und stellt somit einen wichtigen Faktor der Bewerbung dar. Im Laufe der Jahre habe ich hier die kuriosesten Fotos begutachten können (allzu Privates, übergroße Bilder oder auch Fotos, die den Eindruck hinterließen, dass sich die entsprechenden Damen mit ihrem Gesichtsausdruck und ihrer Haltung eher für ein anderes Gewerbe eignen könnten). Die Kosten für ein Fotostudio machen sich auf jeden Fall bezahlt.

Persönliche und berufliche Weiterbildung – Verbesserung Ihrer beruflichen Chancen

Die meisten verstehen unter Weiterbildung Maßnahmen wie den Besuch von Seminaren und Kursen, um ihr Wissen zu erweitern. An den Bereich Fachbücher und Fachzeitschriften wir hier selten gedacht. Dabei ist es gerade hierdurch relativ einfach, sich fortlaufend weiterzubilden. Selbst ein Kapitel oder einen Artikel pro Tag zu lesen wirkt – kontinuierlich betrieben – wahre Wunder. Wichtig ist, dass man aus eigenem Antrieb aktiv wird und nicht nur angeordnete, von Betrieb oder Amt ermöglichte Maßnahmen wahrnimmt. Weiterbildungsmaßnahmen, die man nur belegt, um später eine entsprechende Teilnahmebescheinigung oder ein Zertifikat in den Händen zu halten, sind wenig wert. Auf jeden Fall sollte jeder regelmäßig Zeit zur Weiterbildung einplanen, da man im Tagesgeschäft hierzu selten Zeit finden wird. Eigenverantwortung lautet die Devise!

Ein guter Bekannter von uns, Geschäftsführer eines größeren Unternehmens, hat uns hierzu ein interessantes Beispiel geschildert. Beim Vorstellungsgespräch mit einem eigentlich sehr qualifizierten Bewerber stellte er ihm die Frage: »Was haben Sie persönlich bisher für Ihre Weiterbildung getan?« Als Antwort erhielt er eine Auflistung aller möglichen Weiter- und Fortbildungsseminare aus dem Bereich Rhetorik und Mitarbeiterführung, die der junge Mann von seinem früheren Arbeitgeber und dann in der Überbrückungszeit durch das Arbeitsamt ermöglicht bekommen hatte. Diese Antwort reichte unserem Bekannten nicht aus: »Ich möchte nicht wissen, welche Weiterbildungsmaßnahmen Sie besucht haben, sondern was Sie persönlich bisher für Ihre Weiterbildung getan haben.« Der Bewerber blieb bis zuletzt eine Antwort schuldig.

Auch ich habe später in einigen Vorstellungsgesprächen diese Befragung durchgeführt. Entweder blieben die Bewerber komplett stumm oder führten ebenfalls einige durch den Arbeitgeber angeordnete beziehungsweise ermöglichte Maßnahmen an. Dabei hätte mich persönlich die einfache Aussage: »Ich lese jeden Tag gründlich die Tageszeitung« schon zufrieden gestellt. Denn dieses Presseerzeugnis (vorausgesetzt, dass es sich nicht gerade um die bekannte deutsche Zeitung mit den vier großen Buchstaben handelt), dient meiner Meinung nach sehr gut dazu, nicht nur eine gute Allgemeinbildung zu erhalten, sondern sich auch in vielen Bereichen, insbesondere der Wirtschaft, entsprechend weiterzubilden.

Natürlich gibt es auch im Bereich der persönlichen Weiterbildung viele interessante Seminare (auch in Form von Fernlehrgängen) und Fachliteratur. Das fängt bei richtigen Umgangsformen an und geht bis hin zur Erlernung der optimalen Selbstorganisation. Denn was nützt das beste fachliche Know-how, wenn die persönliche Weiterentwicklung auf der Strecke geblieben ist? Für mich sind diese beiden Entwicklungsebenen unabdingbar miteinander verbunden. Mir ist bis heute niemand begegnet, der beruflich die Karriereleiter hinaufgestiegen ist, sich aber nicht auch persönlich weiterentwickelt hat.

Was viele ebenfalls nicht bedenken beziehungsweise ausschöpfen, ist ihr Recht auf Bildung ganz allgemein. Der Gesetzgeber hat hierfür speziell den Bildungsurlaub geschaffen. In der Regel hat jeder Beschäftigte Anspruch auf fünf Tage Bildungsurlaub pro Jahr, Sie werden für diese Zeit von Ihrer Firma freigestellt und erhalten weiterhin Ihr Gehalt. Viele führen hier den Einwand an: »Mein Chef sieht das aber nicht gern.« Wenn diese Personen ehrlich zu sich selbst wären, würden sie sich eingestehen, dass sie vielmehr stört, die Kosten für die Maßnahme in der Regel selbst zahlen zu müssen.

Frei nach dem Motto: »Eine Woche abseits der Firma etwas Spaß haben, ist ja ganz okay, aber warum soll ich dafür denn bezahlen?«

Sollten Sie tatsächlich einen Chef haben, der (abgesehen von dringenden betrieblichen Belangen, die gerade zu diesem Termin dagegensprechen) es nicht gern sieht, wenn Sie sich persönlich (im Bereich Sprachen, Internet, Management, Politik etc.) weiterbilden oder eine solche Maßnahme zur Qualifikation für ehrenamtliche Tätigkeiten absolvieren, dann sollten Sie Ihr Arbeitsverhältnis noch einmal überdenken.

Natürlich sollten Sie immer daran denken, dass eine persönliche Fort- und Weiterbildung auch Ihren Wert auf dem Arbeitsmarkt steigert. Interessante Angebote und Auskünfte zum Thema Weiterbildung können Sie u. a. bei der IHK, dem Arbeitsamt oder den vielfältigen Veranstaltern erhalten.

Ich für meine Person nutze am liebsten die berufliche und persönliche Weiterbildung in Form von Fachliteratur, da ich mir hierfür die Zeit frei einteilen kann. Unser Bücher- und Zeitschriftenregal ist dementsprechend reichlich mit dieser Literatur gefüllt und bringt mich auch nach Jahren immer wieder dazu, mir ein interessantes Buch noch einmal herauszuziehen und wichtige Auszüge nachzulesen.

In diesem Zusammenhang ist mir auch aufgefallen, dass es immer weniger Menschen gibt, die überhaupt ein Bücherregal besitzen. Und wenn, ist dies in den Fällen, die ich kenne, oft nur mit ein paar Krimis und Liebesromanen gefüllt. Gespräche, in denen man sich über Fachliteratur oder individuelle Ratgeber unterhalten kann, werden immer seltener, selbst wenn das Gegenüber eigentlich gleiche oder zumindest ähnliche Interessen zeigt.

Sie sollten jedoch nicht nur an Ihrer Weiterbildung arbeiten, sondern auch entsprechend Ihren Lebenspartner »mit ins Boot nehmen«. Der Grund hierfür ist relativ einfach: Mit jeder Weiterbildung entwickeln Sie sich weiter. Bleibt Ihr Partner jedoch stehen, haben Sie sich bald nur noch wenig zu erzählen. Sie werden sich zunehmend voneinander entfernen und sich im schlimmsten Fall ganz auseinanderleben.

Natürlich ist es einfacher, sich in seiner wohlverdienten Freizeit durch das Fernsehen mit einer Doku-Soap berieseln zu lassen oder im Internet Leute »kennenzulernen« und das komplette Tagesgeschehen mit ihnen auszutauschen. Aber ich habe Ihnen ja von Anfang an keine bequeme Art der Freizeitgestaltung versprochen. Man sollte sich hier ein schönes chinesisches Sprichwort zu Herzen nehmen:

*Lernen ist wie rudern gegen den Strom –
wer aufhört, treibt zurück.*

Passen Sie Ihr Umfeld an sich an und nicht umgekehrt!

Es gibt kaum etwas Besseres, als sich in und mit seinem privaten Umfeld persönlich weiterzuentwickeln. Leider hat man dazu wenige Chancen, wenn Freunde und Bekannte nicht entsprechend gleich gesinnt sind. Es ist jedoch schwer, solche entwicklungsinteressierten »Außerirdischen«, insbesondere in den Generationen unter fünfzig, noch zu finden.

Natürlich will man privat keine steife Konversation führen. Ein Meinungsaustausch – insbesondere mit Querdenkern – über Themen wie Politik, Wirtschaft, Sport oder sonstige aktuelle Tagesthemen und Neuigkeiten stellt jedoch immer wieder eine persönliche Bereicherung an Erkenntnissen dar. Unserer Spaß- und Problemgesellschaft ist dies natürlich viel zu anstrengend. Morgens einen Blick auf die illustre deutsche Tageszeitung mit den vier großen Buchstaben geworfen und schon weiß man doch, was in der Welt so vor sich geht! Warum sich also auch noch an den wohlverdienten Feierabenden mit schwerwiegenden Themen beschäftigen, anstatt Party zu machen oder abzuchillen? Sollte einen ein Thema mal wirklich selbst betreffen, mit dem man sich vorher nicht befasst hat, gibt es ja immer noch ein paar »Dumme«, die einem gern weiterhelfen. Wozu ist man schließlich befreundet?

Sollten Sie in Ihrem Freundeskreis Personen haben, die sich lieber auf die faule Haut legen, als mit Ihrer Entwicklung Schritt zu halten, so überlegen Sie sich gut, ob es diese Freundschaften wert sind, aufrechterhalten zu werden. Denn solche Freundschaften hindern Sie nicht nur an Ihrer persönlichen Weiterentwicklung, sondern belasten Sie obendrein.

Eine gute Freundin erzählte mir vor einiger Zeit, dass es ihr jetzt, nachdem sie sich von vielen unliebsamen Personen in ihrem direkten Umfeld losgesagt habe – natürlich nicht im Streit, sondern durch das Einschlafenlassen der Kontakte – weitaus besser gehe. Sie müsse sich keinen Kopf mehr über deren Probleme machen, zumal diese Leute meist sowieso beratungsresistent waren, und könne die gewonnene Zeit sinnvoller für Kontakte oder Hobbys nutzen, die ihr persönlich wirklich etwas bringen würden.

Dies habe ich nach einigen Überlegungen auch in meinem privaten Umfeld umgesetzt. Menschen, die mich ständig mit ihren Problemen belasten, ohne Tipps anzunehmen oder umzusetzen, oder Leute, die mich durch ihre Lebenseinstellung ständig herunterziehen, habe ich auf nette Weise »entsorgt«. Für eine Begrüßung oder einen kleinen Smalltalk stehe ich ihnen noch zur Verfügung, aber meine restliche Zeit verbringe ich dann doch lieber mit meinesgleichen. Hierdurch kann ich mich nicht nur persönlich weiterentwickeln, sondern erlebe auch mehr Optimismus und Lebensfreude.

Dieses Aussortieren findet in der Regel schon viel früher und von uns selbst fast unbemerkt statt. Während wir als Kinder im privaten Bereich noch den unterschiedlichsten sozialen Kontakten »ausgeliefert« sind, suchen wir uns bereits als Heranwachsende, ebenso wie bei einer späteren Heirat, in der Regel sozial ebenbürtige Personen. Ich möchte ausdrücklich festhalten, dass dies nichts mit arm oder reich zu tun hat, sondern lediglich aussagt, dass sich diese Personen auf einer gleichen Verhaltens- und möglichst auch Geistesebene befinden.

Ein Beispiel hierfür ist das Gespräch meines Mannes mit einem unserer Mitarbeiter. Wir suchten zu diesem Zeitpunkt einen Grafiker und mein Mann fragte diesen Mitarbeiter, ob er in seinem Bekanntenkreis jemanden wüsste, der diese Stelle ausfüllen könnte und kurzfristig verfügbar sei. Die Antwort klang im ersten Moment etwas überheblich, entsprach aber wohl der Wahrheit: »In meinem Freundes- und Bekanntenkreis gibt es keine Arbeitslosen.«

Im ersten Moment musste ich über diese Aussage lachen, stellte dann aber fest, dass mir, trotz eifrigster Überlegung, auch in meinem näheren Umfeld keine Person einfiel, die zu diesem Zeitpunkt arbeitslos war. Irgendwann kam ich dann zu der Erkenntnis, dass die Ursache wohl darin liegt, dass wir alle unser privates Umfeld im Laufe der Zeit ganz automatisch auf gleich gesinnte Personen, sprich Menschen mit ähnlichem Verhalten, Interessen und Zielen umstellen.

Zu einem ähnlichen Ergebnis kam ich in einem Gespräch mit meiner Mutter über steigende Zahlen in der Jugendarbeitslosigkeit. Sie fand es erschreckend, dass so viele junge Menschen keinen Arbeits- beziehungsweise Ausbildungsplatz finden würden. Im ersten Moment gab ich ihr recht, dann aber wollte ich von ihr wissen, wie viele Personen sie persönlich kennen würde, die von der Jugendarbeitslosigkeit betroffen seien. Nach einigen Überlegungen musste sich meine Mutter hier geschlagen geben. Persönlich sei ihr hier auch niemand bekannt.

Ich denke, dass dies in erster Linie daran liegt, dass meine Mutter, wie fast alle Menschen, vorwiegend Kontakt zu sozial Gleichgesinnten hat. In ihrem Kreis ist es für die Eltern ganz selbstverständlich, sowohl Druck auf ihre Kinder auszuüben, damit sich diese einen Ausbildungsplatz suchen, als auch gegebenenfalls ihre eigenen Kontakte hierfür einzusetzen. Die an ihre Einstellung geknüpften Verhaltensweisen geben sie an ihre Kinder auch bezüglich der Bewerbungsform und des Auftretens in einem Vorstellungsgespräch weiter.

Daher mein Tipp an Sie: Suchen Sie sich Freunde und Bekannte, mit denen Sie sich verhaltensmäßig auf Augenhöhe befinden oder zu denen Sie etwas aufblicken können, um von ihnen zu lernen und sich persönlich weiterzuentwickeln. Ihrem bisherigen Umfeld signalisieren Sie einfach, dass Ihnen der Kontakt weiterhin viel wert ist, Sie aber von einer dauerhaften freundschaftlichen Beziehung mehr als nur Smalltalk und Stillstand erwarten. Wem diese Anstrengung zu viel ist, auf den können Sie auch gern verzichten.

Fehler schmerzen – aber nur im ersten Moment

Im Laufe Ihrer persönlichen und beruflichen Weiterentwicklung werden Sie feststellen, dass Ihnen immer wieder Fehler unterlaufen, die im ersten Moment recht schmerzhafte Auswirkungen haben können. Doch nur wer nichts macht, macht auch keine Fehler. Sobald Sie immer und immer wieder bereit sind, neue Risiken einzugehen, um Ihre Ziele zu verwirklichen, werden fast täglich neue Fehler hinzukommen. Auf den zweiten Blick jedoch sind diese Fehler gut für Sie und bilden ein erhebliches Potenzial für Ihren weiteren Werdegang. Denn diese Fehlentscheidungen werden Sie jeweils nur einmal fällen, und es ist besser, hiermit in der Anfangszeit als kurz vor der Erreichung Ihres eigentlichen Ziels konfrontiert zu werden.

Viele Entscheidungen, die mein Mann und ich in den letzten Jahren getroffen haben, sind aus dem Bauch heraus erfolgt (daher verfügt dieses Körperteil bei uns auch über einen gewissen Umfang!). Damit kann man extrem gewinnen, aber auch wieder komplett zurückfallen. Im Laufe der Zeit habe ich begriffen, dass man, ohne ein Risiko einzugehen, nicht weiterkommt.

Ich bin seit jeher diejenige, die unseren Entscheidungen etwas skeptischer gegenübersteht. Mein Mann ist dafür in manchen Situationen eher zu risikobereit. Nach und nach haben wir gelernt, uns hier prima zu ergänzen, auch wenn dies in einer privaten und gleichzeitig beruflichen Partnerschaft selten nur harmonisch verlaufen kann. Hierzu gehört auch ein gewisses Maß an Konfliktbereitschaft. Man muss bereit sein, Fehler, die der andere macht, zu erkennen und ihm gegenüber diesbezüglich auch seine Meinung zu vertreten. Auf der anderen Seite muss man auch bereit sein, Argumente des anderen in seine Entscheidungen mit einfließen zu lassen.

Auch ich bin im Laufe der Zeit, insbesondere durch den Lieblingsleitsatz meines Mannes »Nur wer nichts tut, macht auch keine Fehler!«, weitaus risikobereiter geworden. Und so sehr meinen Mann meine Kritik oder meine skeptischen Einwände an einem seiner neuen Pläne oder Projekte in der Vergangenheit auch gestört haben mögen, so trifft er bis heute doch keine größere Entscheidung, ohne vorher hierüber meine Meinung einzuholen. Nicht selten überdenkt er die Angelegenheit noch einmal und setzt sie dann auf eine andere Art um. Natürlich trafen auch wir gemeinsam die eine oder andere falsche Entscheidung. Wir lernten jedoch aus diesen Fehlern und konnten oftmals neue Ideen daraus entwickeln.

Insbesondere während unserer langjährigen Zusammenarbeit in unserem Unternehmen haben wir hin und wieder Fehlentscheidungen getroffen. So zum Beispiel beim Einstellen von Personal. Mussten wir uns dann schon während der Probezeit von einem Mitarbeiter trennen, weil diese Person einfach nicht in das Team oder das Gesamtkonzept passte oder die Qualifikationen letztendlich doch nicht den Einstellungsvoraussetzungen entsprachen, schienen die investierte Zeit und das Geld im ersten Moment verloren. Nach und nach haben wir jedoch festgestellt, dass jeder ehemalige Mitarbeiter, egal wie lange er in unserem Betrieb tätig war und egal wie sehr wir uns in dieser Zeit vielleicht auch über ihn (und er sich vermutlich über uns) und seine Arbeitsweise geärgert haben, auch etwas Gutes für sich hatte. Wir konnten diesen speziellen Einstellungsfehler künftig vermeiden.

Ich bin zwar nicht so risikobereit wie mein Mann, dafür relativ schnell euphorisch. Sobald mir eine neue Idee kommt, muss ich diese sofort in die Tat umsetzen. Bei dieser Begeisterung sehe ich oft nicht nach rechts und links. Mein Mann hat mich in solchen Situationen oft unterstützt, genauso oft hat er mich aber auf den Boden der Tatsachen zurückgeholt, indem er mich an meine früheren Fehlentscheidungen erinnert hat. Ich habe zwar die Fähigkeit, mich und andere Menschen immer schnell für ein neues Projekt zu begeistern, merke ich jedoch nach einiger Zeit, dass mir dieses oder auch ein Hobby oder eine Weiterbildungsmaßnahme keinen Spaß mehr machen, so habe ich auch kein Problem damit, es einfach abzubrechen, ohne mich als Versagerin zu fühlen. Warum auch? Ich bin wieder um eine Erfahrung reicher geworden und hatte, zumindest für einen gewissen Zeitraum, Spaß und Freude an diesem Thema.

Hier liegt meiner Meinung nach bei vielen Menschen die größte Angst: Was sagen nur die anderen dazu, wenn ich es nicht geschafft habe oder ständig neue Wege einschlage? Pfeifen Sie auf die Meinung anderer! In erster Linie sind Sie nur sich selbst gegenüber für Ihre Entscheidungen verantwortlich. In der Regel werden Sie auch diesbezüglich nur von Personen kritisiert werden, die ihren Alltagstrott leben, nicht bereit sind, neue Erfahrungen zu sammeln, und selbst keinerlei Risiko eingehen wollen.

Auch ich habe solche Mitmenschen in meinem Bekanntenkreis. Aber eigentlich tun mir diese Personen leid. Da sie selbst wenig Neues erleben und jede Änderung oder Abweichung ihres gewohnten Alltags ein extremes Problem für sie darstellt, lieben sie es, Neuigkeiten von anderen aufzusaugen, egal in welcher Form. Sie selbst können oft nur wenig zu einem Gespräch beitragen oder wiederholen ständig alles, da es ja nicht so viel zu erzählen gibt.

Also, seien Sie risikobereit, suchen Sie nach neuen Wegen und scheuen Sie sich nicht, Fehler zu machen oder eine getroffene Entscheidung noch einmal zu überdenken! Denn Sie werden hiervon auf Dauer profitieren!

> *Wer arbeitet, macht Fehler.*
> *Wer viel arbeitet, macht mehr Fehler.*
> *Nur wer die Hände in den Schoß legt,*
> *macht gar keine Fehler.*
> Alfred Krupp

Kind und Beruf: nicht einfach, aber machbar!

Dies ist einer der größten Diskussionspunkte in meinem Bekanntenkreis. Wann immer das Thema aufkommt, heißt es gleich: »Du hast ja keine Kinder. Du hast gut reden!« Stimmt! Aber ich kenne einige Mütter, die beides seit Jahren erfolgreich vereinen. Insbesondere sind das Frauen, denen zu Hause mit Kind und Haushalt die Decke auf den Kopf fallen würde und die sich trotz Kind beruflich weiterentwickeln möchten, oder auch solche, die einfach fürchten, in unserer schnelllebigen Zeit sonst den Anschluss zu verlieren.

Insbesondere die Aussage: »Mein Mann möchte nicht, dass ich wieder arbeiten gehe« treibt mich persönlich in den Wahnsinn. In welchem Zeitalter leben wir denn?! Waren alle Anstrengungen der Frauenbewegung hinsichtlich der Gleichberechtigung umsonst? Oder suchen diese Frauen einfach nur einen bequemen Weg, um abzuchillen und sich später, wenn die Kinder aus dem Haus sind und der Mann dann vielleicht einer interessanteren Frau den Vorzug gegeben hat, über die Ungerechtigkeit dieser Welt zu beklagen?

Ich erkenne durchaus die Anstrengungen des Alltags einer Hausfrau und Mutter an. Auch wer das Muttersein als seine alleinige Berufung ansieht und damit Zeit seines Lebens glücklich ist, hat sicher sein Lebensziel für sich erreicht. Aber die Zeiten haben sich geändert. Eine Ehe ist heute keine Absicherung auf Lebenszeit. Wie viele Ehen werden geschieden und die Frauen haben nach zehn oder mehr Jahren kaum noch die Möglichkeit eines Wiedereinstiegs ins Berufsleben? Gleiches gilt bei einem frühen Tod des Partners.

Besonders erschreckend fand ich in diesem Zusammenhang die Aussage einer befreundeten Sozialpädagogin, die sich beruflich mit der Betreuung junger Mütter befasst. Sie hat mir gegenüber geäußert, dass vermehrt junge Mädchen im Alter von 15 oder 16 Jahren die Mutterschaft als Ersatz für eine Ausbildung ansehen. Sie könnten so zu Hause bleiben und der werdende Vater oder Vater Staat zahlen ihnen dann regelmäßig eine geringe Vergütung (Betreuungsgeld lässt zusätzlich grüßen und das Loch in der Rentenkasse auch!).

Da lobe ich mir Beispiele aus meinem Bekanntenkreis, wo Mütter, insbesondere diejenigen, die es aus finanziellen Gründen überhaupt nicht nötig hatten, bereits relativ frühzeitig wieder ins Berufsleben eingestiegen sind. Eine ehemalige Kollegin sprach bereits wenige Monate nach der Geburt bei unserer Geschäftsführung vor, um hier schnellstmöglich eine Regelung zu treffen, die es ihr ermöglichte, Kind und Beruf unter einen Hut zu bringen und noch vor Beendigung der ursprünglich vereinbarten Elternzeit wieder einzusteigen. Die tägliche Kommunikation mit anderen Müttern in ihrer Situation reichte ihr nicht mehr aus. Wörtliche Aussage: »Ich drehe noch durch, wenn ich mich weiterhin nur noch über Männer, Kinder und Klamotten unterhalten kann.« Da sie in jedem Fall als Minimum eine Dreivierteltagesstelle besetzen musste, fand sie pragmatisch wie sie war folgende Lösung für sich: Das Kind wurde von einer Tagesmutter betreut, bis es später einen Krippen- und dann Kindergartenplatz erhalten konnte. Zusätzlich nahm sie sich eine Haushaltshilfe. Sie hatte somit die Möglichkeit, sich nach ihrer Arbeit intensiv mit ihrem Sohn zu beschäftigen, ohne sich auch noch um den kompletten Haushalt kümmern zu müssen. Dass ihr finanziell am Monatsende nicht mehr viel übrig geblieben ist, störte sie wenig, denn sie hatte einen Weg gefunden, dass sie sowohl ihr Job als auch das Muttersein völlig erfüllten. Und für ein Plus in der Altersversorgung war so ebenfalls gesorgt. Ein Beispiel dafür, dass Leidenschaft und Zufriedenheit nicht immer im Zusammenhang mit Einkommensvermehrung stehen müssen.

Auch meine jüngste Schwester liebt ihren Job im sozialen Bereich über alles. Obwohl sie finanziell hierdurch zum Teil Einbußen hatte, wählte sie trotz zwei kleinen Kindern jeweils den relativ frühzeitigen Wiedereinstieg in das Berufsleben, wenn auch am Anfang nur stundenweise. Sie möchte sich trotz ihrer ganz besonders großen Liebe zu ihren beiden Kleinen (momentan zwei und vier Jahre alt) beruflich weiterentwickeln und angefangene Projekte fortführen. Auch hier war Organisationstalent gefragt. Eltern und Schwiegereltern konnten und sollten die Betreuung nicht vollständig abdecken, damit die Kinder durch den Kontakt zu anderen Kindern gleich das soziale Verhalten erlernen. Somit fand sie für die erste Zeit, nach langer und intensiver Suche, eine geeignete Tagesmutter und später dann entsprechend Kindergartenplätze.

Auch meine Friseuse (selbstständig) liebt ihren Beruf sehr und war bereits nach drei Monaten wieder stundenweise im Betrieb. Ihr Partner nahm die Elternzeit als echte Elternzeit (nicht um Renovierungsarbeiten durchzuführen) in Anspruch. Danach entschieden sie sich dafür, beide ihre Jobs jeweils mit verminderten Stundenzahlen auszuführen. Sie können somit beide ihren Beruf, an dem sie so sehr hängen, weiter »leben« und zusätzlich ausreichend Zeit mit ihrem Sprössling verbringen.

Insgesamt wäre bei diesem Thema natürlich auch dringend entschieden mehr Beweglichkeit von Arbeitgeberseite erforderlich. Und ich wundere mich schon seit einiger Zeit, dass wir in Deutschland einen solchen Mangel an qualifizierten Tagesmüttern haben. Wenn doch so viele Frauen die Erfüllung in ihrer Mutterrolle sehen und die Erziehung und Betreuung von Kindern ihnen so ans Herz gewachsen ist, warum lassen sich gerade diese Frauen nicht entsprechend ausbilden? Sie könnten sich in einem Bereich, der ihnen wirklich liegt, selbst verwirklichen und würden anderen Frauen vermehrt einen Wiedereinstieg in deren Berufsleben ermöglichen.

Frauen, die nicht gleich eine Möglichkeit zur Betreuung ihrer Kinder finden, sollten in jedem Fall die Möglichkeit der Heimarbeit in Betracht ziehen. Viele Chefs wären froh, wenn sie ihre gut ausgebildeten und erfahrenen Mitarbeiterinnen auf diese Weise weiter beschäftigen könnten. Natürlich muss bei dieser Variante ein absolutes Vertrauensverhältnis gegeben sein.

Wichtig ist hier auch die Aufgabenverteilung im privaten Bereich. Dabei ist auch der Partner gefragt. Bestehen Sie darauf, dass er sich an den Haushaltsaufgaben beteiligt. Oft übernehmen sich die Frauen mit Kindern, Haushalt und Beruf, weil sie hier von ihrem Partner im Stich gelassen werden. Frei nach dem Motto: »Wenn du unbedingt wieder arbeiten gehen willst, musst du auch sehen, wie du klarkommst!« Scheuen Sie hier keinen partnerschaftlichen Konflikt und setzen Sie Ihre Vorstellungen durch. Sonst bleibt seine Wäsche halt mal liegen und er besucht eine Reinigung! Und spätestens wenn der Kühlschrank nur noch mit Lebensmitteln gefüllt ist, die er nicht mag, wird er schon den Weg zum nächsten Supermarkt finden! Und wenn Sie selbst über eine entsprechende Ausbildung oder berufliche Position verfügen: Auch Männer sollen Qualitäten zur Kindererziehung und Haushaltsführung mitbringen. Geben wir ihnen die Chance, es zu beweisen!

Also, liebe Mütter, es gibt immer einen Weg. Wenn es auch nicht einfach ist und oft einiges an Organisationstalent, Selbstdisziplin und etlichen Entbehrungen durch eingeschränkte Freizeit – oder eine ausgeprägte Überzeugungskraft – erfordert.

Ein starker Wille dringt durch Felsen.
Japanisches Sprichwort

Geld sorgt für Entspannung der anderen Art

Bei vielen Menschen ist es verpönt, Geld als wichtig zu empfinden. Ich sehe das anders. Auch wenn man sich etwas Geld zur Seite gelegt hat, ergibt sich hierdurch ein neues Aufgabenfeld. Es heißt, dieses richtig anzulegen und für sich arbeiten zu lassen. Aber Geld beruhigt auch und kann einem ein relativ sorgenfreies Leben nach den eigenen Vorstellungen ermöglichen. Es ist sicher nicht das Wichtigste im Leben, aber wenn wir eine Auflistung all unserer Träume und Wünsche zusammenstellen, werden wir schnell feststellen, dass die meisten unweigerlich mit dem Thema Geld in Verbindung stehen.

Als wirklich wichtig erachte ich in meinem Leben meinen Partner, meinen engsten Familien- und Freundeskreis, meine Gesundheit und mein Geld. Genau in dieser Reihenfolge. Aber wirklich glücklich macht mich im Gesamten, dass ich alle diese Werte schätze, liebe und bei mir habe.

Also, lernen Sie Geld zu lieben! Dies ist auch eine der wenigen Aussagen, bei der sich heute fast alle Finanzcoachs einig sind. Die Aussage »Ich liebe Geld« wird heute oft mit dem Begriff Geldgier gleichgesetzt. Doch hier liegt meines Erachtens ein erheblicher Unterschied vor. Wenn ich mein Geld liebe, werde ich es mit Ideenreichtum erwerben und dafür Sorge tragen, dass ich es beschütze und vermehre. Der Geldgier hingegen liegt meist nur das übertriebene Streben nach materiellen Besitztümern zugrunde, und sie ist häufig mit Geiz verbunden. Zudem würden geldgierige Personen häufig »über Leichen gehen«, um das Ziel ihrer Begierde erreichen zu können.

Erst gestern haben wir bis tief in die Nacht hierüber ein interessantes Gespräch mit einem Bekannten geführt. Dieser vertrat die Auffassung, dass er in Zukunft viel Geld verdienen möchte, Geld ihm auch wichtig sei, aber er nicht sagen würde, dass er Geld liebt. Geld sei für ihn in erster Linie wichtig, um sich etwas leisten zu können, so zum Beispiel auch einige Luxusgüter. Als Beispiel führte mein Bekannter hier voller Stolz einen Kaffeevollautomaten an, den er sich erst vor Kurzem von seinen kompletten Ersparnissen gekauft hatte. Auch ich hegte diesen Kaffeeautomatenwunsch schon lange, verschob es jedoch immer wieder, ihn zu realisieren.

Ich entgegnete ihm, dass dieser Kauf ein Beweis wäre, dass er sein Geld nicht lieben würde. Denn ansonsten hätte er sich gefragt, ob er diesen Gegenstand wirklich brauchen würde, und das Ausgeben seines geliebten Geldes wäre ihm hierfür viel schwerer gefallen. Dies machte unseren Bekannten sehr nachdenklich und er stimmte mir nach kurzer Überlegung zu.

Mein Mann fügte in diese Thematik noch ein: »Demnach liebt meine Frau ihr Geld.« Als Hintergrund hierfür erläuterte er dann, dass ich (die größte Kaffeetante der Welt) jahrelang mit solch einem Automaten geliebäugelt hätte, mir die Anschaffungskosten dafür jedoch immer zu hoch waren, obwohl ich über die finanziellen Mittel verfügt hätte. Erst als mein Vater mir vor ein paar Jahren aus dem Erbe meines Opas einen Betrag zukommen ließ und darauf bestanden hat, dass ich diesen Betrag nicht spare, sondern mir hiervon diesen Kaffeevollautomaten leiste, da dies doch schon lange ein Wunsch von mir sei, konnte ich mich zu dem Kauf durchringen.

Sie werden sich jetzt sicher fragen, warum ich mir diesen Wunsch nicht schon längst erfüllt hatte, zumal ich doch schon kostspieligere Träume, wie zum Beispiel mein Auto, verwirklichte. Ganz einfach: Träume sollte man nicht nach deren Kosten, sondern nach der eigenen Wertstellung, nach der persönlichen Rangliste verwirklichen. Der Kaffeeautomat hatte für mich eine nachrangige Stellung.

Die wenigsten Leute, die sich ihr Geld hart erarbeitet haben, werden, sobald sie es als ausreichend empfinden, sich einen angenehmen Lebensabend machen und andere ihr Geld verwalten lassen. Es gibt hier aus der illustren Promiwelt genügend Beispiele, die zeigen, dass dies oft ein böses Ende findet. Nein, auch zu diesem Zeitpunkt sind weiterhin Leidenschaft und Ehrgeiz gefragt. Leidenschaft für das Geld zu empfinden heißt, es zu hegen und zu pflegen und Ehrgeiz und Ideen zu entwickeln beziehungsweise sich Anlageformen anzueignen, mit denen man sich bisher noch nicht befasst hat, um hier eine profitable Rendite zu erzielen.

Fragen Sie sich selbst und auch andere, wie wichtig Geld für sie ist und ob sie es lieben. Ich habe diesen Test schon häufig gemacht und fast immer die gleiche Aussage erhalten: »Geld ist für mich nicht wichtig. Hauptsache ich bin gesund, glücklich und zufrieden.« Stimmt, aber häufig hängt das liebe Geld ganz eng damit zusammen. Es ermöglicht uns im Krankheitsfall oft eine bessere Behandlung. Es macht uns glücklich, wenn wir uns einen lang ersehnten Wunsch erfüllen können, und zufrieden, weil (oft unbewusster) Neid auf andere nachlässt und wir unser Leben in vielen

Bereichen unseren Bedürfnissen und Wunschvorstellungen anpassen können. Es stärkt unsere Selbstsicherheit und unser Selbstbewusstsein.

Wenn Sie dann irgendwann wirklich das Gefühl haben, dass Sie mehr Geld zur Verfügung haben, als Sie jemals ausgeben können (hier kann ich leider aus eigener Erfahrung noch nicht mitsprechen), so übernehmen Sie Verantwortung für Ihre Mitmenschen. Diese Verpflichtung bringt Vermögen meiner Meinung nach mit sich. Unterstützen Sie damit notleidende, nicht chillende Menschen, denen diese Voraussetzungen fehlen.

Als ich jung war, glaubte ich,
Geld sei das Wichtigste im Leben;
jetzt, wo ich alt bin,
weiß ich, dass es das Wichtigste ist.
Oscar Wilde

Selbstbewusstsein durch Leistung

Geld macht selbstbewusst. Diese Aussage habe ich vor einiger Zeit gelesen und mir hierüber einige Gedanken gemacht. Beim genaueren Analysieren meines Bekanntenkreises konnte ich feststellen, dass Personen ohne Geldsorgen in der Regel ein gesünderes Selbstbewusstsein haben als Leute, die Schulden oder Geldprobleme mit sich herumtragen. Einige Personen, über die ich häufiger nachdenken musste, waren aber auch »Blender«. Sie verdrängten ihre Geldsorgen und stellten nach außen etwas dar, was sie gar nicht sind. Weiterhin konnte ich beobachten, dass diejenigen, die sich ihr Geld selbst erarbeitet haben, beim Thema Selbstbewusstsein noch mehr punkten als andere, die mehr oder weniger nach dem Zufalls- oder Glücksprinzip zu Geld gekommen sind.

Meine Mutter hat mich bereits vor Jahren mit ihrer Feststellung überrascht, dass erfolgreiche (und somit auch selbstbewusste) Menschen oft weniger Wert auf teure Garderobe und sonstige Luxusgüter legen als andere. Sie sind »wer«, sie müssen nicht »scheinen«, um zu sein. Diese Aussage trifft nach meinen Beobachtungen fast hundertprozentig zu. Dem Motto »Kleider machen Leute« folgen oft nur Leute, die etwas darstellen wollen, was sie eigentlich nicht sind. Besonders kritisch sehe ich in diesem Zusammenhang, dass sich unsere Jugend heute eher über den Erwerb von

Luxusartikeln als durch besondere Taten – sprich persönliche Leistung – darzustellen versucht. Man gehört so scheinbar »mit dazu«, selbstbewusster wird man dadurch aber auf Dauer nicht.

Dieses Geltungsbedürfnis hat sogar häufig zur Folge, dass Menschen über ihre Verhältnisse leben und an den Schulden zu ersticken drohen. Kommt dazu noch die Angst, dass dieser Schwindel auffliegen könnte, sind sie oftmals zu fast allem fähig. Im Extremfall schrecken sie selbst vor einer Gewalttat nicht zurück, nur um nach außen hin ihren Lebensstandard auch weiterhin darstellen zu können.

Im Allgemeinen belustigen mich Menschen, die andere Personen nach ihrem Äußeren beurteilen, sehr. Wir haben zum Beispiel eine sehr liebe Freundin, wohlsituiert, deren Mann ihr noch zu D-Mark-Zeiten für die Neuanschaffung ihrer Küche ein Budget in Höhe von 20 000 DM zu freien Wahl eingeräumt hatte. Mit Elan und dem Kopf voller Ideen begab sie sich daraufhin in das nächstgelegene Möbelhaus. In der Küchenabteilung angekommen, wurde sie von dem Verkäufer erst einmal von oben bis unten gemustert. Sie hatte No-Name-Jeans und ein einfaches T-Shirt für diesen Anlass als vollkommen ausreichend angesehen. Nachdem sie ihr Anliegen – »Ich suche eine Küche« – geschildert hatte, erhielt sie von dem Küchenexperten den wohlgemeinten Rat, dass sie sich doch lieber in einigen Billigmöbelhäusern, hier nannte er unter anderem auch ein schwedisches Möbelhaus, umsehen solle, da sie ganz bestimmt nichts in ihrer Preislage hätten. Pech gehabt, lieber Möbelexperte! Diese Provision ging erfolgreich an einen Mitbewerber!

Genauso erging es meinem Mann, als er einen Sportwagen Probe fahren wollte. Nachdem der Autoverkäufer ihn gemustert und wohl für sich festgestellt hatte, dass dieser Interessent sowieso nicht in der Lage sei, diesen PKW zu kaufen oder auch nur die erste Leasingrate hierfür zu erbringen, stimmte er widerwillig einer Probefahrt zu. Im gleichen Atemzug gab er uns aber zu verstehen, dass es sich hierbei um einen Zweisitzer handeln würde (diese Tatsache war uns natürlich schon vorher aufgefallen) und er bei der Probefahrt in jedem Fall mitfahren müsse. Die beiden Männer fuhren los und ich blieb ohne eine Geste des Entgegenkommens von Seiten des Verkäufers vor dem Autohaus stehen. Mein Mann hat den Wagen zwar später gekauft, aber auch hier hat ein Mitbewerber das Geschäft gemacht, für den es überhaupt kein Problem darstellte, dass wir, in Jeans und T-Shirt bekleidet, das Auto gemeinsam Probe fahren wollten. In beiden Beispielen hat den Verkäufern der Blick auf das Wesentliche und eine gesunde Menschenkenntnis gefehlt!

Und nun zurück zum eigentlichen Thema, der Erlangung von Selbstbewusstsein und Selbstvertrauen. Nur wer an sich und seine Fähigkeiten glaubt und auf eigene Erfolge zurücksehen kann, wird ein gesundes Selbstbewusstsein entwickeln und dieses auch entsprechend ausstrahlen. Selbst-Bewusstsein bedeutet erst einmal, sich seiner selbst bewusst zu sein, seinen Weg zu finden und sich zu akzeptieren. Ein Wort mit ähnlicher Bedeutung ist Selbstvertrauen, das nicht nur bedeutet, sich selbst zu kennen, sondern auch an sich zu glauben. Selbstvertrauen und Selbstbewusstsein bauen unwillkürlich aufeinander auf. Je besser Sie sich kennen, umso mehr Selbstvertrauen haben Sie. Und wenn Sie mehr an sich glauben, werden Sie auch nach außen hin selbstbewusster wirken.

Mal ehrlich, wie viele Leute kennen Sie, denen ihr Job Spaß macht und die beruflich sehr erfolgreich sind, die gleichzeitig aber von Ängsten geplagt werden und keinerlei Selbstbewusstsein ausstrahlen? Mir fällt hier nicht eine Person ein.

Menschen ohne Selbstbewusstsein erkennt man oft daran, dass sie zwar viele Wünsche und Träume haben, diese jedoch bereits beim Vortragen direkt als nicht realisierbar darstellen. In der Regel führen sie dies auf ihre finanzielle Situation zurück und geben allen, nur nicht sich selbst, die Schuld daran. Lässt man sich auf weitere Gespräche oder Diskussionen mit ihnen ein, werden sie oft weinerlich oder aggressiv. Hinter beiden Verhaltensweisen versteckt sich wieder ein mangelndes Selbstbewusstsein oder Selbstvertrauen.

Versucht man solchen Menschen mit gut gemeinten Tipps und Ideen weiterzuhelfen, scheitert dies in der Regel an ihrer Trägheit und dem fehlenden Tatendrang. Es ist einfach zu sagen: »Mein Traum wäre …«, oder: »Ich würde so gerne …«. Sobald das Erreichen dieses Zieles mit Arbeit oder Entbehrung verbunden ist, hat es sich für viele auch schon erledigt.

Eine Bekannte war zum Beispiel beruflich sehr unzufrieden und strahlte zu diesem Zeitpunkt wenig Selbstbewusstsein aus. Meine Idee für sie, sich in einem kreativen Bereich weiterzuentwickeln und sich hierüber später ein zweites Standbein oder sogar eine Selbstständigkeit aufzubauen, fand sie anfangs super und hat sich überschwänglich für diese Anregung bei mir bedankt. Das entsprechende Seminar war mit Kosten in Höhe von etwa 200 Euro verbunden. Statt ab diesem Zeitpunkt jeden Cent hierfür zur Seite zu legen, fuhr sie lieber erst einmal in den Urlaub und gab Geld für Sachen aus, die sie in diesem Moment eigentlich gar nicht benötigte, nur um sich für ihr ungeliebtes Berufsdasein entsprechend zu entschädigen.

Inzwischen allerdings hat sie mit viel Spaß an dem Seminar teilgenommen und sich offensichtlich auch persönlich weiterentwickelt. Sie strahlt seither mehr Lebensfreude und Selbstsicherheit aus. Ich hoffe, dass sie dies beibehält und sich weiterhin Ziele setzt, um sich persönlich und beruflich auf Dauer weiterzuentwickeln.

Eine interessante Feststellung habe ich hier kürzlich in meinem Bekanntenkreis gemacht. Ich habe drei kinderlose Freundinnen im Alter von 35 bis 42 Jahren, die alle wenig Freude an ihrem Beruf haben. Alle drei verfügen über ein sehr geringes Selbstbewusstsein. Als ich mit ihnen, jeweils getrennt voneinander, versuchte herauszufinden, in welche Richtung sie sich beruflich weiterentwickeln könnten, äußerten alle Berufswünsche im sozialen Bereich beziehungsweise Tätigkeiten auf sozialer Ebene (Tierpflegerin, Tagesmutter, ehrenamtliche Mitarbeit an einem sozialen Projekt). Als Voraussetzung hierfür gaben zwei von ihnen einen Lottogewinn an.

Ich habe hier für mich folgende Feststellung gewonnen: Frauen mittleren Alters, die in ihrem Beruf keine Erfüllung finden und denen durch Kinderlosigkeit zusätzlich die Anerkennung fehlt, suchen offenbar ihre Bestätigung oft in sozialen Bereichen. Dagegen ist prinzipiell nichts einzuwenden, aber auch hier werden sie nicht glücklich und selbstbewusster, wenn sie dies ausschließlich wegen der Anerkennung durch andere machen und sich selbst nicht hundertprozentig mit dieser Arbeit identifizieren können.

Stattdessen sollten sie lieber ihren inneren Schweinehund überwinden, sich klarmachen, was sie wirklich wollen, und die Ängste abbauen, die sie bisher davon abgehalten haben, eine Veränderung vorzunehmen. Ich vergleiche das immer mit dem ersten Sprung vom Drei-Meter-Brett. Man will unbedingt diesen Sprung machen, hat aber zugleich panische Angst davor. Aber jeder, der diesen Sprung gewagt hat, kann sich sicher noch an das Glücksgefühl erinnern, als er stolz aus dem Wasser wieder aufgetaucht ist. In diesem Moment denkt man nur: »Jetzt bin ich der King! Jetzt kann ich alles erreichen!«

Fazit am Ende dieses Kapitels: Erfolg und Geld stärken das Selbstbewusstsein, aber auch hier zählen der eiserne Wille und die Bereitschaft, Ängste abzubauen.

> *Wenn es einen Glauben gibt,*
> *der Berge versetzen kann,*
> *ist es der Glaube an die eigene Kraft.*
>
> Marie von Ebner-Eschenbach

Die richtige Kleidung, denn der erste Eindruck zählt

Wir alle sind sehr schnell verleitet, uns anhand der Kleidung eine erste Meinung über unser Gegenüber zu bilden (Sie erinnern sich: Möbel- und Autoverkäufer). Auch wenn wir wissen, wie gefährlich es ist, den ersten Eindruck an solchen Äußerlichkeiten festzumachen, so ist doch jeder hierzu in irgendeiner Form erst einmal bereit.

Häufig fällt man Vorurteile, die man, sofern die Möglichkeit eines näheren Kennenlernens besteht, oftmals wieder revidiert. Doch nicht immer besteht diese Möglichkeit, und der erste Eindruck bleibt haften. Nicht selten bildet er sogar die Grundlage für eine spätere Entscheidung als Auswahlkriterium bei der Personaleinstellung. Ein günstiges oder ungünstiges Bewerbungsfoto oder gut sitzende, korrekte Kleidung bei einem Vorstellungsgespräch geben nicht selten den Ausschlag.

Durch Kleidung können wir den Eindruck von Kompetenz vermitteln, vertrauenswürdig erscheinen, Unabhängigkeit ausstrahlen, aber auch den Anschein vom jeweiligen Gegenteil erwecken. Erst wenn wir diese erste Hürde erfolgreich genommen haben, werden wir überhaupt die Chance erhalten, unser Gegenüber auch mit unseren fachlichen Qualifikationen zu beeindrucken. Der erste Eindruck ist gerade bei einer Vorstellung besonders wichtig. Er kann uns Türen komplett verschließen, aber auch Tore weit öffnen!

Nicht nur dem Körper angepasste – gern auch Problemzonen kaschierende – Kleidung sorgt für ein positives Erscheinungsbild. Die Auswahl der passenden Farben ist ebenfalls zu berücksichtigen. Wichtig ist, das diese freundlich wirken und typgerecht. Alles Fade oder Grelle ist absolut fehl am Platz. Hier kommt es nun wirklich auf eine äußerst ansprechende »Verpackung« an, in der Sie dennoch Sie selbst sein können und dies auch ausstrahlen! Die Farbauswahl unserer Kleidung spiegelt häufig unsere Stimmung wider. Vielleicht sollten wir, insbesondere beruflich, aber auch privat, lernen, uns so zu kleiden, wie wir uns aufgrund unserer Wünsche und Ziele fühlen möchten, und nicht, wie wir uns in diesem Moment gerade fühlen.

An der Farbe lässt sich die Sinnesweise,
an dem Schnitt die Lebensweise des Menschen erkennen.
Johann Wolfgang von Goethe

Sport? Ja, es muss sein!

Es ist nachgewiesen, dass Sport Körper und Geist fit und im Einklang hält. Aber kaum einer verfügt nach einem anstrengenden Arbeitstag noch über die Motivation, sich sportlich zu betätigen. Wir alle wissen, dass wir etwas tun müssten, um insbesondere unsere vorwiegend sitzenden Tätigkeiten und die daraus resultierenden Rückenprobleme durch Sport auszugleichen. Doch einmal ehrlich: Wer hat hierzu nach einem langen Arbeitstag wirklich noch Lust? Da ist es doch bequemer, es sich auf der Couch gemütlich zu machen und sich von dem vielseitigen Fernsehprogramm berieseln zu lassen.

Ich selbst bin die Königin der Ausredenerfindungen, wenn es um sportliche Aktivitäten geht. Inzwischen habe ich wieder im Alltag mehr Bewegung (Putzen, Bügeln und Rasenmähen lassen doch so manche Schweißperle fließen), allerdings sind das häufig sehr einseitige Aktivitäten.

Also, wie schaffen wir es, unseren inneren Schweinehund zu überwinden? Mein Schweinehund war und ist noch immer so groß, dass ich mir hierfür eine gleich gesinnte Freundin suchte, die mich regelmäßig ins Sportstudio begleitet und hierzu auch antreibt. Prinzipiell macht mir dieser Sport auch Spaß und man fühlt sich danach ja auch gleich besser und ausgeglichener, aber das Aufraffen ist doch immer wieder mit einer großen Anstrengung verbunden. Ich denke, dass man sich generell eine Sportart aussuchen sollte, die einem Freude macht und weniger als Pflichtübung ausgeführt wird. Daher werde ich im Sommer jetzt vermehrt das Schwimmbad aufsuchen, da ich diesem Freizeitsport früher schon gern nachgegangen bin.

Dass Körper und Geist durch Sport in Einklang gebracht werden, hielt ich bis vor Kurzem für eine reine Floskel. Bis ich im Flugzeug die Bekanntschaft eines älteren Herrn machte, der in einem rasanten Tempo sämtliche Kreuzworträtsel ausfüllte und meinem Mann dann noch anbot, ihm bei seinem kniffeligen Sudoku weiterzuhelfen. Auch äußerlich machte dieser Herr einen sehr agilen Eindruck auf mich. Als ich ihn auf meine direkte Art darauf ansprach, erklärte er mir voller Stolz, dass er bereits 94 sei und sich topfit fühle. Ein vor Jahren für sein körperliches und geistiges Wohlbefinden entwickeltes morgendliches Trainingsprogramm habe unter anderem maßgeblich dazu beigetragen. Er hat sich hierzu seinen Hometrainer (Fahrrad) mit einem kleinen Buchständer am Lenker ausgerüstet. Darauf strampelt er nun jeden Morgen 30 Minuten und lernt anhand eines Gedichtbandes komplette Gedichte auswendig. Dies sei seine Maßnahme, um Körper und Seele im Einklang zu halten und in beiden Bereichen im Alter nicht abzubauen.

Mir persönlich hilft es oft schon, eine Runde um den Block zu drehen, wenn ich den ganzen Tag hoch konzentriert einer Arbeit im Sitzen nachgehe. Nach diesem Gang fühlt sich der Kopf gleich freier an und die Motivation ist wieder auf dem Höhepunkt. Man sollte auf jeden Fall auch die Mittagspause für einen kleinen Spaziergang an der frischen Luft nutzen.

Der Begriff Sport wird heutzutage ja oft zu hochleistungsorientiert ausgelegt. Wir sollten nicht vergessen, dass unter die Kategorie Sport auch Aktivitäten wie Tischtennis oder Federball, Wandern, Kegeln und Bowling gehören. Man sollte sich immer vor Augen halten, dass Sport, egal in welcher Form er ausgeführt wird, maßgeblich zu einem erfüllteren Leben, sei es beruflich oder privat, beiträgt. Er erfordert Selbstdisziplin und Konsequenz, fördert aber zugleich unser allgemeines Wohlbefinden und verbessert unser Selbstbewusstsein. Ganz nebenbei hilft er uns, den Kopf frei zu bekommen und Alltagsprobleme besser zu bewältigen.

Wenn wir es dann noch schaffen, unsere Traumsportart für uns zu entdecken, der wir mit viel Spaß nachgehen können, erhalten wir ein Stück Lebensqualität und eine Entspannung, die durch das in Mode gekommene Abchillen nicht übertroffen werden kann. Also, sehen Sie Sport als Wohlfühlprogramm an und lassen Sie dabei Kopf und Seele baumeln!

Vor allem wegen der Seele ist es nötig,
den Körper zu üben, und gerade das ist es,
was unsere Klugschwätzer nicht einsehen wollen.
Jean-Jacques Rousseau

Teil 2:
Schulden – Ursachen, Folgen, Vermeidung und Abbau

Schulden machen leicht gemacht

Wie bereits im Vorwort erwähnt, sind heute eine erhebliche Anzahl an privaten Haushalten ver- oder auch überschuldet. Dazu gleich die Definitionen: Verschuldung liegt vor, wenn Schulden vorhanden sind, aber noch aus dem eigenen Einkommen getilgt werden können. Überschuldung hingegen liegt vor, wenn keine Aussicht besteht, die Schulden mittel- und langfristig durch Einkommen und Vermögen zu tilgen, ohne dabei die Grundversorgung zu gefährden.

Drei von vier Haushalten in Deutschland haben Konsumschulden. Für viele gehört es zur Normalität, Konsumgüter in Raten zu zahlen oder auf Pump zu kaufen. Dass sie sich hierbei bereits verschulden, realisieren die wenigsten. Konsumschulden halte ich persönlich für die dümmste und gefährlichste Art von Schulden. Wenn wir Kredite aufnehmen für etwas, was wir uns zum jetzigen Zeitpunkt nicht leisten können, da wir in der Vergangenheit kein Geld übrig hatten, um entsprechende Rücklagen zu bilden, werden uns die Raten hierfür in der Regel nach kürzester Zeit das Genick brechen.

Ursache für stetig wachsende Konsumschulden ist neben der uns täglich überrollenden Werbeflut und der gleichzeitig angestiegenen Möglichkeiten an Raten- und Finanzierungsangeboten eine Änderung unserer allgemeinen Einstellungen und Empfindungen. Wir sind ständig darum bemüht, dass es uns jetzt und heute gut geht. Man weiß ja nie, was noch kommt … Haben wir zum Beispiel Angst, dass wir in nächster Zeit arbeitslos werden könnten, buchen wir jetzt noch mal schnell einen Urlaub, wer weiß, wann wir uns den nächsten leisten können … Beim Hauskauf wird der Kreditrahmen noch etwas erhöht, damit man sich gleich noch neu einrichten kann und vielleicht auch das Auto in diesem Zuge noch in ein neueres

Modell ausgetauscht werden kann, da diese Anschaffungen ja in nächster Zeit finanziell nicht drin sind ...

Ebenso oft habe ich schon gehört, dass Bekannte ein Auto per Finanzierungsvertrag gekauft haben, da die monatlichen Raten ja locker zu zahlen sind, sie bisher aber keine Rücklagen bilden konnten, um sich einen Gebrauchtwagen zu kaufen. Ich frage mich natürlich, wie man monatlich 100 bis 200 Euro als Finanzierungsrate aufbringen kann, wenn man bisher diesen Betrag monatlich nicht ansparen konnte.

Besonders leicht wird jungen Heranwachsenden der Weg in die Verschuldung gemacht: Die Zielgruppe Jugendliche (und auch Kinder) verfügt heute über mehr Geld, aber auch höhere Ansprüche als jemals zuvor. Um diese Gruppe zu gewinnen, geben Banken schon 18-Jährigen Dispokredite, Einzel- und Versandhandel bieten aktiv Ratenzahlungen an und Eltern strecken ihren Kindern das fehlende Geld für das neue Auto, den Computer oder das neueste Handymodell vor. Insbesondere die Handyabrechnungen schlagen bei dieser Personengruppe mit sehr hohen Beträgen zu Buche. Da das Handy, im Gegensatz zum Festnetzanschluss, auch nicht gleich bei Nichtbezahlung der Gebühren gesperrt wird, können die Kosten/Schulden hier munter weiter anwachsen. Bis die Leute »aufwachen«, ist es meist schon zu spät.

Dazu kommen dann noch die heiß geliebten Kreditkarten in größtmöglichem Umfang. Sieht es nicht toll aus, wenn wir im Restaurant beim Bezahlen die Geldbörse mit den vielen Bankkarten öffnen und uns entscheiden können/müssen: Welche nehme ich denn heute? Als weiteres Lockmittel, überflüssige Ausgaben zu tätigen, gilt es die Bonuspunkte zu nennen, die wir beim Bezahlen mit den jeweiligen Karten einheimsen können. Dass einige dieser Karten mit Jahresgebühren zu Buche schlagen, vergisst man dann gern einmal. Das Handling ist ja auch so praktisch! Sollte der Verfügungsrahmen einer Karte tatsächlich ausgeschöpft sein, nimmt man einfach die nächste!

Ein Paradebeispiel für die Änderung der allgemeinen Einstellung kann ich anhand eines Gespräches mit einem ehemaligen Kunden aufzeigen. Als ich ihn auf seine wiederholt geplatzten Schecks angesprochen habe und ihm vorsichtig erläutern wollte, dass dies eine Straftat sei, bei der die Gläubiger das Recht haben, Strafanzeige gegen den Schuldner zu stellen, bekam ich Folgendes zur Antwort: »Ach, Frau Heimlich, Sie sehen das alles viel zu eng. Schauen Sie sich doch mal um. Jeder hat heutzutage Schulden, und welches Haus und welches Auto sind schon abbezahlt?«

Das größte Problem stellt heute für viele, insbesondere junge Menschen der Verzicht dar. Auf etwas verzichten zu müssen ist für viele offensichtlich ein sehr tragisches Ereignis. Ich bin dankbar dafür, dass ich bereits in meiner Kindheit gelernt habe, zu verzichten.

Auch die allgemeinen Empfindungen (hier insbesondere die Freude) haben sich extrem geändert. Vermeintliche Freude über einen Kauf wird fast nur noch empfunden, wenn wir ein »Schnäppchen« gemacht haben. Hier zählt mehr, was wir bei dem Kauf gespart haben, als die Tatsache, ob wir uns den Kauf tatsächlich leisten konnten und ob dieser wirklich erforderlich war. Da wir beim Kauf kleiner Dinge in der Regel weniger sparen können, fällt hier auch die Freude entsprechend niedriger aus. Zusätzlich bleiben unsere Motivation, auf etwas zu sparen, und das Erfolgserlebnis, wenn wir dieses Ziel endlich erreicht haben, hierbei völlig auf der Strecke.

Diese Änderung unserer Einstellungen und Empfindungen bildet somit die Traumvorlage für alle Kreditgeber. Es ist ja inzwischen so einfach geworden, einen Konsumkredit in Anspruch zu nehmen. Wenn nicht gerade ein negativer Schufa-Eintrag vorliegt, wird der Kredit schon in kürzester Zeit bewilligt und der Kaufrausch kann beginnen! Und sogar bei einem bestehenden Schufa-Eintrag ist noch nicht aller Tage Abend. Wer kennt nicht die Werbeslogans, die uns täglich im Internet oder der Presse ins Auge springen: Kredit ohne Schufa – sofort Bargeld-Kredit auch bei schwierigen Fällen! Meist sind diejenigen, die einem solchen Kredithai ins Netz gehen, schon so verzweifelt, dass sie sich nicht einmal die Frage stellen, warum ihnen jemand ohne jegliche Sicherheit Geld geben sollte. Die Wucherzinsen spielen dabei nur eine untergeordnete Rolle. Als Erstes zählt die Empfindung Freude, denn jetzt ist alles wieder gut und die Abzahlung liegt ja in weiter Zukunft …

Man sollte sich immer eines vor Augen führen: Wenn man in seinem Leben finanzielle Freiheit und einen gewissen finanziellen Wohlstand erreichen will, sind Schulden, insbesondere Konsumschulden, absolutes Gift.

Ursachen der Überschuldung

Die ach so schnell und bedenkenlos eingegangene Verschuldung kann ganz leicht in eine Überschuldung übergehen, sobald sich die berufliche oder persönliche Situation eines Schuldners verändert. Reichte das bisherige Gesamteinkommen noch einigermaßen aus, um die monatliche Tilgung der Kredite zu bewältigen, kann es bei einer Scheidung, der Geburt eines Kindes, Arbeitslosigkeit, Kurzarbeit oder dem Scheitern einer Selbstständigkeit, um hier nur einige wenige mögliche Punkte zu nennen, ganz schnell anders aussehen. Und viele dieser Faktoren treffen einen in der Regel plötzlich und völlig überraschend.

In dieser veränderten finanziellen Situation bleiben nach Abzug der bestehenden Fixkosten wie Miete, Strom, Telekommunikation und Versicherungen häufig nur noch wenige Euro zum Leben übrig. Fällige Kreditraten können dann ebenso wenig bedient werden wie Ratenzahlungen und der Dispositionskredit auf dem Girokonto. Die Konsequenz: Kredite und Konto werden von der Bank gekündigt und sind somit einschließlich Zinsen sofort fällig, die Bonität ist ruiniert und die Betroffenen sehen vor lauter Mahnschreiben kaum noch Auswege aus ihrer Situation.

Da unsere heutige »Spaßgesellschaft« jedoch im Jetzt und Heute lebt, belasten sich die wenigsten damit, sich über solche Zukunftsrisiken Gedanken zu machen. Es werden kaum noch Rücklagen für Notsituationen gebildet. Ich persönlich sehe es als unbedingt erforderlich an, sich in guten beziehungsweise normalen Zeiten Rücklagen in Höhe von zwei bis drei Monatsgehältern zu bilden, um sich in schlechten Zeiten erst einmal Luft verschaffen zu können. Außerdem sollte man im Zuge einer Verschuldung die Raten für den Abtrag nicht so hoch ansetzen, dass man jeden Cent ausreizt. Tritt eine unvorhergesehene Ausgabe ein, hat man den nächsten Kredit am Bein. Lieber einen Teil des zur Verfügung stehenden Geldes zur Rücklagenbildung nehmen. Die monatliche Rate sollte meiner Meinung nach höchstens zwei Drittel des realistisch möglichen Betrages ausmachen, den man insgesamt hierfür aufbringen kann.

Schulden sind Qualen für die Seele

Ich bin zwar keine Psychologin, aber diese Qualen konnte ich selbst in meinem Umfeld schon einige Male beobachten. Die Betroffenen stecken in der Regel den Kopf in den Sand und weigern sich, der Realität ins Auge zu sehen. Briefumschläge werden nicht mehr geöffnet – denn was ich nicht weiß, kann mich ja auch nicht belasten –, den Mitmenschen wird eine heile Welt vorgespielt und mit all dem in Zusammenhang stehende gesundheitliche Beschwerden in Form von Magenschmerzen oder Schlafstörungen werden mit Medikamenten bekämpft. Der Leidensweg der Psyche beginnt.

Irgendwann kommt der Zeitpunkt, an dem man weder sich noch seinen Mitmenschen weiterhin etwas vormachen kann. Die Schuldenfalle schnappt zu und Zinsen sowie Mahn- und Gerichtskosten wachsen zu astronomischen Summen an. Spätestens wenn der Gerichtsvollzieher vor der Tür steht, um die Wohnung zwangsweise zu räumen, wacht hier auch der Letzte auf. Dann ist es in der Regel bereits zu spät.

Vor Jahren konnte ich dieses Verhalten live miterleben, als ich beruflich an einer solchen Zwangsräumung teilgenommen habe. Der Ehemann hatte sich in allen finanziellen Angelegenheiten hundertprozentig auf seine Frau verlassen. Diese hatte es tatsächlich geschafft, unbemerkt von ihrem Mann alle Mahnschreiben, Mahnbescheide und letztendlich auch die Räumungsklage ordentlich und in ungeöffnetem Zustand in ihrem Backofen aufzubewahren. Hier wusste sie die Unterlagen sicher vor ihrem Ehemann versteckt. Erst am Räumungstermin zerbrach die Scheinwelt und der ahnungslose Ehemann fiel aus allen Wolken.

Nicht selten ist die finanzielle und seelische Zerstörung durch eine vorliegende Überschuldung mit Arbeitsplatzverlust und/oder einem Beziehungsaus verbunden. Solchen Menschen bereits im Vorfeld unter die Arme zu greifen ist fast unmöglich, da sie in einer Scheinwelt leben und die Realität nicht an sich – und mögliche Helfer – heranlassen. Die Einsicht, dass man Fehler gemacht hat, wird einem »persönlichen Scheitern« gleichgesetzt und daher strikt vermieden. Die Existenzangst lähmt diese Personen und macht sie handlungsunfähig. Der größte Ideenreichtum dieser Menschen liegt jetzt nur noch im Erfinden von Ausreden und Ausschmücken von Lügenmärchen. Die seelische Belastung, um diese Scheinwelt aufrechtzuerhalten, ist enorm. Ein Entrinnen aus diesem Kreislauf ist fast unmöglich.

Als ein hiervon betroffener und mir sehr nahe stehender Bekannter von meiner Buchidee erfuhr, bat er mich um ein Gespräch unter vier Augen. Bereits nach wenigen Sätzen war mir der ganze Umfang seiner finanziellen Misere und der bereits aufgebauten Scheinwelt voll bewusst. Als ich ihm vor Augen führen wollte, dass es vermutlich ein Fehler seiner Eltern war, ihm immer wieder Geld zuzustecken, wenn es in der Vergangenheit eng wurde, anstatt ihn die Verantwortung für seine finanziellen Eskapaden übernehmen zu lassen, argumentierte er nur: »Seit ich nicht mehr zu Hause wohne, habe ich keinen Pfennig mehr von ihnen bekommen.«

Dies hätte ich ohne Weiteres widerlegen können, aber mir wurde in diesem Moment bewusst, dass ich meinen Bekannten nicht schlagartig aus »seiner Welt« herausholen konnte. Meine Tipps hörte er sich zwar in Ruhe an, anhand seiner Antworten konnte ich jedoch immer wieder feststellen, dass ihm das finanzielle Ausmaß seiner Situation (Führerscheinentzug, Arbeitsplatzverlust, etliche Haftbefehle und geplatzte Darlehensraten) nicht bewusst war. Er lud mich im gleichen Augenblick zu seiner »Megageburtstagsparty« ein, die er bereits in großem Stil plante, da er bei seinem seelischen Tief eine Ablenkung bitter nötig habe. Denn da es ihm ja finanziell und dadurch bedingt auch seelisch so schlecht gehen würde, bräuchte er dringend eine Abwechslung, um den Kopf mal wieder frei zu bekommen.

Mit Gegenargumenten und kostengünstigeren Alternativvorschlägen zu der geplanten Party stieß ich leider nur auf taube Ohren. Er zeigte zwar eine gewisse Einsicht und räumte ein, in der Vergangenheit einige Fehler gemacht zu haben. Bei jeder einzelnen von ihm geschilderten Situation machte er jedoch immer wieder andere (Arbeitgeber, Eltern und falsche Freunde) für seine Situation mit verantwortlich und beklagte sich über deren mangelndes Verständnis. Auf meine Nachfrage hin gestand er, dass er zwar mit seiner Partnerin offen über seine Situation gesprochen habe, sich aber bisher nicht zu einem Gespräch mit seinen Eltern, die auch für seinen Kredit gebürgt hatten, durchringen konnte.

Der einzige Tipp, den ich ihm daraufhin geben konnte, war Folgender: »Sieh der Realität endlich ins Auge und suche als Erstes ein offenes Gespräch mit deinen Eltern. Du bist ihr einziger Sohn und sie werden dich niemals fallen lassen. Allerdings wünsche ich dir, dass sie dir in Zukunft keine finanzielle Unterstützung mehr zukommen lassen, denn das würde dich erneut zurückwerfen.«

Offenheit sehe ich als einen wichtigen Baustein zur Schuldenvermeidung an. Wenn man Geldprobleme vor dem Partner oder der Familie vertuscht, dann ist das nicht nur gefährlich für das entgegengebrachte Vertrauen, sondern man nimmt sich selbst jegliche Chance, der aufgebauten Traumwelt zu entkommen. Man muss diese ja unverändert seinem Umfeld gegenüber aufrechterhalten.

Inzwischen hat mein Bekannter tatsächlich das Gespräch mit seinen Eltern gesucht. Diese zeigten sich zwar verständnisvoll, aber machten ihm auch unmissverständlich klar, dass sie seine finanziellen Ausschweifungen und seine Lügen nicht weiter akzeptieren würden. Persönlich werden sie ihrem Sohn weiterhin mit Rat und Tat zur Seite stehen, aber finanziell kann er mit keiner weiteren Unterstützung mehr von ihnen rechnen.

Ich drücke ihm ganz fest die Daumen, dass er die nötige Kraft und Energie aufbringt, um ins reale Leben zurückzukehren. Nur dann hat er die Chance, sein persönliches Gleichgewicht wiederherzustellen und aktiv den Schuldenabbau anzugehen. Das Gespräch mit den Eltern war der Schritt in die richtige Richtung. Jetzt muss er sich aktiv, durch Jobsuche, Zusatzeinnahmen und Sparmaßnahmen, um den Schuldenabbau bemühen.

Viele Schuldner suchen jedoch nicht das »erlösende« Gespräch mit einer vertrauten Person. Vielmehr grenzen sie sich komplett aus der Gesellschaft aus. Nicht selten sind dann Depressionen bis hin zu Selbstmordgedanken oder andere Kurzschlussreaktionen die Folge dieses Versteckspiels. Ich rate daher allen Betroffenen, den Kopf nicht weiter in den Sand zu stecken. Das Gespräch mit einer nahestehenden Person und/oder die Inanspruchnahme professioneller Hilfe, beispielsweise bei der Schuldnerberatung, sind hier die »passenden Gehhilfen«, um bald wieder auf eigenen Beinen stehen zu können und den beschwerlichen Weg des Schuldenabbaus zu beschreiten. Damit haben Sie die Chance auf einen Neubeginn!

Bürgschaft? Nein danke!

Viele geraten heute nicht nur durch selbst verursachte Schulden, sondern durch die Schulden anderer in die Schuldenfalle. Sie haben für ihren Partner oder einen Familienangehörigen ein Darlehen oder einen Kredit als Bürge abgesichert. Leider vergessen viele, dass sie ab diesem Zeitpunkt auf das Wohlverhalten des Kreditnehmers angewiesen sind. Kommt dieser seinen Zahlungsverpflichtungen nicht nach, wird der Darlehensgeber (in der Regel ein Kreditinstitut) den Bürgschaftsbetrag beziehungsweise die Restsumme hieraus, sofern bereits Zahlungen zugunsten der Bürgschaftsnummer erfolgt sind, sofort bei ihnen geltend machen. Dies erfolgt dann nicht in Form der rückständigen Darlehenszahlungen, sondern als komplette Forderung der Restschuld, da bei Nichteinhaltung der vertraglich vereinbarten Zahlungen in der Regel die Gesamtforderung sofort und in einer Summe fällig wird.

Insbesondere für diese Bürgen hat der Staat vor Jahren das private Insolvenzrecht eingeführt, nachdem die Anzahl der hieraus resultierenden Überschuldungen extrem zugenommen hatte und bis heute weiterhin steigt. Hiermit soll nach Jahren des Wohlverhaltens eine Restschuldbefreiung ermöglicht werden. Doch der Weg bis dahin ist weit.

Man sollte daher meiner Meinung nach schon im Vorfeld solche Bürgschaften vermeiden. Insbesondere bei Familienangehörigen und Freunden stößt man hier sicher auf Unverständnis, doch Freundschafts- oder Liebesbeweise haben nichts mit einer Bürgschaft zu tun! Und wer Sie wirklich gern hat, wird Ihnen die Bürde, eine solche Entscheidung zu treffen, gar nicht erst auferlegen.

Dieses Thema habe ich angesprochen, da es heute keine Seltenheit ist, für einen Familienangehörigen oder den Partner zu bürgen. In meinem Bekanntenkreis allein sind mir drei Fälle bekannt, in denen die Bürgen durch die Bank in Anspruch genommen wurden. Also, zeigen Sie Stärke und sagen Sie nein!

Der Kampf gegen die Schnäppchensucht

Seien Sie einmal ehrlich zu sich selbst: Wie oft kauft man zwei Artikel zum Preis von einem – und selbst ein Artikel wäre des Guten noch zu viel, da die Qualität zu wünschen übrig lässt? Ganz besonders beliebt bei den Werbemachern ist inzwischen die Taktik, uns mit einem Geschenkgutschein à la »10 Prozent auf alles« oder »Gutschein in Höhe von 5,00 Euro« zu ködern. Daraufhin sind wir versucht, erst einmal zu überlegen, ob wir hier nicht sowieso etwas kaufen wollten und mit diesem Gutschein auch noch sparen können. So ein Einkauf mit einem Gutschein kann das schlechte Gewissen doch ungemein beruhigen.

Natürlich gibt es auch Schnäppchen, bei denen man echte Erfolge erzielt. So konnte ich für uns in diesem Jahr eine Couchgarnitur erwerben (nach zwei Jahren erfolgloser Suche), die genau unserem Geschmack entsprach und insgesamt um mehr als 70 Prozent reduziert war. Ein echter Glückstreffer sozusagen, aber ganz sicher die Ausnahme!

»Ich habe hier ein Schnäppchen gemacht!« Das kann ich jedoch bald nicht mehr hören und ich musste mir diesbezüglich auch schon selbst »aufs Füßchen treten«. Es ist doch inzwischen schon so weit, dass wir uns nicht mehr ehrlich über Dinge freuen können, wenn deren Preis-Leistungs-Verhältnis zwar offensichtlich stimmt, wir aber im Unterbewusstsein wegen des fehlenden »Gewinns« ein schlechtes Gewissen haben. Ein wirkliches Schnäppchen erhält man doch nur, wenn der Kauf geplant war, den Vorstellungen in Qualität und Aussehen voll entspricht und der Kaufpreis dennoch reduziert ist. Sobald man von der eigentlichen Kaufvorstellung abweicht, ist es in der Regel kein gutes Geschäft.

So buchte ich Anfang des Jahres eine vermeintliche Schnäppchenreise auf unsere Lieblingsinsel. Der Preis war auf den ersten Blick so toll, dass ich nicht berücksichtigt habe, dass wir eine Kategorie unter den bisher gebuchten Reisen lagen. Die Hotelbewertungen waren zu diesem Zeitpunkt relativ gut. Im Nachhinein haben wir uns eine Woche lang über mangelnde Sauberkeit im Zimmer und bahnhofsähnlichen Lärm im Speisesaal geärgert. Die Erholung war gleich null.

Ich habe daraus gelernt! Erst wenn ich alle mir wichtigen Kriterien ausgewählt habe, nehme ich den Preisvergleich über alle Internetanbieter wahr. Auf diesem Weg habe ich meine eigentliche Kaufvorstellung nicht außer Acht gelassen und freue mich, wenn ich zusätzlich durch einen Preisvergleich günstig buchen kann. Kleiner Tipp: Häufig lassen sich durch die bundesweit unterschiedlichen Ferien allein durch die Wahl des Abflughafens erhebliche Einsparungen erzielen.

Ich denke, es macht einfach mehr Sinn, preisbewusst nach zu dieser Zeit erforderlichen Dingen Ausschau zu halten, als durch »Schnäppchen« zu einem Konsumkredit genötigt zu werden. Die wichtigste Frage sollte immer sein: Brauche ich das wirklich?

Die eidesstattliche Versicherung – der Verlust der Kreditwürdigkeit

Da vielen die Bedeutung und Auswirkung einer solchen Erklärung an Eides statt nicht bewusst ist, möchte ich diese kurz erläutern. Der Gläubiger kann beantragen, sofern Vollstreckungsversuche erfolglos verlaufen sind, dass der Schuldner bei dem zuständigen Gerichtsvollzieher die eidesstattliche Versicherung abgeben muss. Häufig erfolgt dies direkt im Nachgang zu einer erfolglosen Sachpfändung.

Spätestens bei dieser Maßnahme geraten einige Schuldner in Panik, da in der Ladung zur Abgabe der eidesstattlichen Versicherung Wörter wie »Gefängnis« und »Haftbefehl« aufgeführt sind. Sofern man die Abgabe der eidesstattlichen Versicherung nicht verweigert und hier wahrheitsgemäße und vollständige Angaben macht, ist diese Angst jedoch unbegründet, da Überschuldung keine Straftat darstellt. Nur durch falsche und/oder unvollständige Angaben in der eidesstattlichen Versicherung macht man sich strafbar.

Durch die eidesstattliche Versicherung soll die komplette Vermögenssituation offengelegt werden. Gläubiger erfahren dadurch unter anderem, welchen Arbeitgeber die Schuldner haben, wie hoch ihre Einkünfte sind, bei welcher Bank sie ihr Konto führen und welchen Stand dieses aufweist und über welche sonstigen Vermögensgegenstände beziehungsweise Kapitalanlagen sie verfügen.

Die Schuldner müssen innerhalb von drei Jahren nur ein Vermögensverzeichnis dieser Art abgeben. Sie werden innerhalb dieses Zeitraums im Schuldnerverzeichnis des Amtsgerichts geführt und erhalten eine negative Schufa-Eintragung (diese bleibt generell drei Jahre bestehen). Damit verlieren sie endgültig ihre Kreditwürdigkeit. Es ist ihnen zwar grundsätzlich nicht untersagt, während dieser Zeit neue Schulden zu machen (ich rate dennoch dringend davon ab!), wichtig ist jedoch: In dieser Zeit darf der Schuldner keine weiteren Kredite aufnehmen oder Ratenkäufe tätigen, deren Rückzahlung nicht gesichert ist, ansonsten könnte hier wegen des Verdachts des vorsätzlichen Betrugs gegen ihn ermittelt werden (Straftat). Dies gilt auch für Kredite, die von Privatpersonen gewährt werden.

Die Löschung des Eintrages erfolgt automatisch nach drei Jahren (zum Jahresende) beziehungsweise kann sie durch den Schuldner auch vorab beantragt werden, sofern er einen Nachweis darüber erbringen kann, dass er die Schulden bezahlt hat.

Die Abgabe der eidesstattlichen Versicherung kann im Vorfeld abgewendet werden, wenn man dem Gerichtsvollzieher einen angemessenen und realisierbaren Ratenzahlungsvorschlag unterbreitet und der Gläubiger diesem zustimmt. Die Laufzeit wird hier in der Regel längstens auf sechs Monate festgesetzt. Da die Folgen einer eidesstattlichen Versicherung (Wegfall der Kreditwürdigkeit, Kontopfändung und anderes) nicht »ohne« und mit erheblichen Einschränkungen im Alltag verbunden sind (zum Beispiel bei der Wohnungssuche), sollte man rechtzeitig aktiv werden, um eine Abwendung zu erreichen. Denn die Meinung vieler, dass man nach Abgabe der eidesstattlichen Versicherung einfach nur für drei Jahre Ruhe vor seinen Gläubigern hat und dies keine weiteren Auswirkungen mit sich bringt, ist ein gravierender Irrtum.

Aktiver Schuldenabbau bis zur Schmerzgrenze

Sollte das Kind bereits in den Brunnen gefallen sein und Sie vor lauter Schulden nicht mehr ein noch aus wissen, müssen Sie schnell und aktiv gegen den bestehenden Schuldenberg vorgehen. Denn Schulden machen krank! Man kann an nichts anderes mehr denken, nicht mehr ruhig schlafen, beraubt sich jeglicher Lebensfreude, und nicht selten gehen Beziehungen hieran zugrunde.

Wichtig ist, dass Sie den Willen haben, die Schulden aktiv und mit allen daraus resultierenden Konsequenzen zu bekämpfen. Die Situation ist mit der einer Raucherentwöhnung gleichzusetzen. Wenn man nicht wirklich dazu bereit ist, wird man die Entzugsphase auch nicht durchhalten. Und genauso wie bei der Raucherentwöhnung bereits der Genuss einer Zigarette wieder zum Rückfall führt, verhält es sich auch bei den Schulden. Nimmt man während des aktiven Schuldenabbaus einen erneuten zusätzlichen Kredit auf, erlebt man den kompletten Rückfall.

Mit den nachstehenden Ausführungen möchte ich Schuldnern aufzeigen, dass es immer einen Weg gibt, der Schuldenspirale zu entrinnen. Man sollte jedoch sofort aktiv werden, um die Situation nicht noch weiter zu verschlimmern. Vermeiden Sie es unbedingt, den Kopf in den Sand zu stecken und die Meinung zu vertreten, dass jetzt sowieso alles zu spät sei. Bedenken Sie, dass Sie mit Ihrer Situation einer unter vielen sind und in der heutigen Zeit immer mehr Menschen dem Konsumrausch unterliegen und regelmäßig Kredite hierfür aufnehmen. Kredite anderer Art, wie beispielsweise für den Erwerb eines Eigenheimes, lasse ich hier unberücksichtigt, da diesen in der Regel ein gewisser Wert gegenübersteht. Doch auch bei rein aus dem Konsum resultierenden Schulden gibt es immer einen Ausweg! Die folgende stichpunktartige Aufzählung sollten Sie jetzt jedoch direkt in die Tat umsetzen, ohne weitere Zeit zu verlieren, denn jeder Tag kostet Sie zusätzliches Geld in Form von Zinsen:

1. Vernichten Sie Ihre EC- und Kreditkarten oder verschließen Sie diese an einem sicheren Ort.

2. Erstellen Sie eine handgeschriebene Liste über alle Ihre Verbindlichkeiten inklusive der jeweiligen Gläubiger (aus dem Kopf heraus, ohne jegliche Papiere wie Mahnschreiben etc. zu sichten). Dies ist der erste Schritt, um auf schnelle und unkomplizierte Weise einen ersten Eindruck über die Schulden zu gewinnen.

3. Jetzt erstellen Sie anhand des kompletten Schriftverkehrs (Rechnungen, Mahnungen etc.) eine genaue Aufstellung aller Verbindlichkeiten, einschließlich Zinsen und Gebühren, und gleichen diese Liste mit der vorherigen Aufstellung ab. Sie werden erst jetzt die Erkenntnis gewinnen, dass Ihnen das Ausmaß Ihres finanziellen Dilemmas bisher nicht bekannt war. Diese Selbsterkenntnis ist die Voraussetzung für den Schuldenabbau.

4. Prüfen Sie, ob alle Forderungen der Gläubiger berechtigt sind, und überprüfen Sie die jeweilige Forderungshöhe.

5. Ermitteln Sie, wie viel Geld Ihnen aktuell für die Rückzahlung zur Verfügung steht.

6. Nehmen Sie Kontakt mit Ihrer Bank auf und nehmen Sie eine Umschuldung vor. Wenn Sie den Dispo und Überziehungskredit in einen normalen Kredit umwandeln, sparen Sie sofort erhebliche Zinsen und können direkt mit dem Abtrag beginnen.

7. Sollten Sie unverschuldet in eine Notlage geraten sein (Krankheit, Arbeitslosigkeit), prüfen Sie, ob Sie staatliche Hilfe wie zum Beispiel Wohngeld in Anspruch nehmen können.

8. Zur Sicherstellung der Grundversorgung an Nahrungsmitteln haben Sie weiterhin die Möglichkeit, sich an die Organisation »Die Tafel e. V.« zu wenden. Die Tafeln sammeln qualitativ einwandfreie Lebensmittel, die sonst im Müll landen würden, und verteilen diese kostenlos oder zu einem symbolischen Betrag an sozial und wirtschaftlich benachteiligte Personen.

9. Achten Sie darauf, vorrangig alle laufenden und rückständigen Forderungen in Form von Miete und Energiekosten zu zahlen. Ausbleibende Zahlungen können hier erhebliche Folgen haben (Kündigung der Wohnung, Sperrung der Strom- und Gaszufuhr).

10. Seit 01.01.2012 sind der Pfändungsschutz sowie der Verrechnungsschutz für Sozialleistungen und Kindergeld auf normalen Girokon-

ten weggefallen. Das bedeutet, dass auch Zahlungseingänge wie Sozialleistungen und Kindergeld verrechnet werden können, wenn das Konto nicht in ein sogenanntes P-Konto umgewandelt wird. Das ist ein guthabengeführtes Konto, welches einem gesetzlichen Pfändungsschutz unterliegt. Die Bank berücksichtigt hierbei automatisch den pfändungsfreien Grundbetrag in Höhe von mindestens 1028,89 Euro (Stand 7/2012).

11. Machen Sie umgehend Ihre offenen Forderungen geltend. Wenn Sie selbstständig sind, bei Ihren Kunden, im privaten Bereich bei Freunden oder Bekannten, denen Sie Geld geliehen haben.

12. Unterschreiben Sie grundsätzlich keine vorformulierten Schuldanerkenntnisse und Ratenzahlungsvereinbarungen eines von Seiten des Gläubigers beauftragten Inkassounternehmens, ohne diese gründlich geprüft zu haben: Kennen Sie den Gläubiger? Haben Sie dort etwas bestellt? Wurde die Forderung bereits bezahlt?

13. Setzen Sie sich schnellstmöglich mit den Gläubigern oder deren Vertretern in Verbindung, um ihnen einen Ratenzahlungsplan oder Vergleichsvorschlag zur Tilgung zu unterbreiten. Schildern Sie ihnen hierbei Ihre finanzielle Situation und den Grund hierfür. Ihre Zahlungsbereitschaft wird möglicherweise einige Gläubiger milde stimmen.

14. Sollten diese Verhandlungen erfolglos verlaufen, nehmen Sie direkt Kontakt mit einer Schuldnerberatungsstelle auf.

15. Unabhängig hiervon können Sie versuchen, über Ihren Arbeitgeber ein zinsgünstiges Arbeitgeberdarlehen zu erhalten. Der Gang zum Chef ist sicher nicht einfach, aber eine Gehaltspfändung beim Arbeitgeber dürfte noch weniger nett sein.

16. Bringen Sie größere Wertgegenstände, die Sie vielleicht aufgrund einer persönlichen Bindung nicht verkaufen möchten, wie zum Beispiel ein Erbstück in Form von Schmuck, zur Beleihung ins Pfandhaus.

17. Sammeln Sie alle Gegenstände, die Sie nicht wirklich benötigen, zusammen und verkaufen Sie diese über das Internet oder auf dem nächsten Flohmarkt.

18. Leeren Sie Ihre Spardosen mit Kleingeld und Notgroschen und lösen Sie sämtliches Flaschenpfand ein. Frei nach dem Motto: »Kleinvieh macht auch Mist«, schlummern hier in einigen Haushalten kleine Vermögen.

19. Suchen Sie sich sofort einen Nebenjob, um durch die Zusatzeinnahmen den Schuldenabtrag zu beschleunigen. Sucht nicht schon lange jemand in Ihrem Bekanntenkreis erfolglos nach einer vertrauenswürdigen Putzfrau? Hing da nicht letztens ein Zettel bei der Tankstelle, auf dem dringend Aushilfskräfte gesucht wurden? Brauchen die Nachbarn nicht vielleicht regelmäßig einen Babysitter?

20. Veräußern Sie, soweit vorhanden, Ihren PKW oder das Motorrad und bestreiten Sie Ihre Wege stattdessen mit dem Fahrrad oder den öffentlichen Verkehrsmitteln.

21. Erledigen Sie Ihre Einkäufe nur noch mit einem Einkaufszettel, auf dem Sie vorab alle notwendigen Artikel notiert haben, und weichen Sie hiervon während des Einkaufs nicht ab. Suchen Sie ausschließlich Billigdiscounter auf und vermeiden Sie teure Lebensmittelgeschäfte. Vergleichen Sie vorab die wöchentlichen Angebotsbeilagen der Discounter.

22. Gehen Sie in Ihrem Familien- und Freundeskreis offen mit Ihren finanziellen Problemen um. Nicht um hier Mitleid zu erhalten, das würde Ihnen wenig weiterhelfen. Allerdings werden Sie so mehr Verständnis erzielen, wenn Sie sich bei einigen kostspieligen Aktivitäten ausklinken müssen. Oftmals werden Sie aus diesem Kreis noch weitere individuell auf Sie angepasste Ratschläge zum effektiven Schuldenabtrag erhalten.

23. Sollte auch nach Hinzuziehung der Schuldnerberatung keinerlei Möglichkeit bestehen, die Schuldenlast durch einen Rückzahlungsplan zu tilgen, da die zur Verfügung stehenden Mittel beziehungsweise der mögliche Abtrag aus dem Einkommen in keinem Verhältnis zu der Gesamtforderung stehen oder mit den Gläubigern keinerlei Einigung erzielt werden kann, besteht noch die Möglichkeit, Antrag auf Privatinsolvenz zu stellen. Sie ist das letzte Mittel und mit sehr vielen Einschränkungen und Entbehrungen verbunden. Am Ende einer langen Überbrückungszeit (bis zur Restschuldbefreiung per Gerichtsbeschluss vergehen nicht selten sieben Jahre) besteht aber die Möglichkeit eines finanziellen Neuanfangs.

Natürlich ist es nicht einfach, auch nur einen Teil dieser aufgezählten Punkte direkt umzusetzen. Insbesondere aufgrund der Tatsache, dass man bei Konsumschulden wenig Motivation zum Schuldenabtrag aufbringt, sondern in erster Linie die langfristigen Entbehrungen und das »Arbeiten für nichts – nur zum Schuldenabtrag« vor Augen hat. Wenn Sie die genannten Ratschläge jedoch konsequent durchziehen, haben Sie eine echte Chance für einen Neuanfang.

Wir konnten durch die Weitergabe dieser Hinweise vor Jahren einem befreundeten Pärchen beim Abbau ihrer Konsumschulden behilflich sein. Hier lag zwar zu diesem Zeitpunkt keine Überschuldung, sondern lediglich eine massive Verschuldung vor. Allerdings konnten sie mit dieser keinen weiteren Kredit in Anspruch nehmen und der Traum vom eigenen Haus schien in weite Ferne gerückt. Bereits kurze Zeit später, als sie nur einige wenige der vorgenannten Hilfestellungen praktisch umgesetzt hatten, waren sie schuldenfrei und in der Lage, sich ihren lang ersehnten Traum vom eigenen Heim zu erfüllen und einen kompletten Neuanfang zu wagen.

Es lohnt sich also in jedem Fall, nicht die Vogel-Strauß-Methode zu wählen und dem Schuldenberg, egal wie groß er bereits angewachsen ist, aktiv entgegenzutreten. Auch wenn Sie denken, dass es nicht mehr schlimmer kommen kann: Es kann!

Teil 3:
Vermögensaufbau

Sparen Sie sich reich

Es gab schon einige Personen in unserem Freundes-, Bekannten- und Verwandtschaftskreis, die mit finanziellen Problemen an uns herangetreten sind. Hier lag in der Regel noch keine Verschuldung vor, aber die Betreffenden kamen mit ihren Einkünften nicht aus und haben nach Wegen gesucht, um ihre Ausgaben bestreiten und auch noch Rücklagen bilden zu können. Letzteres stellt einen ganz wichtigen Aspekt dar.

Was viele nicht bedenken, ist, dass die Bildung von Rücklagen, die wir nicht in Anspruch nehmen, gleichzeitig einen Vermögensaufbau darstellt. Weiterhin trägt diese Art des Sparens sehr viel zur Steigerung des Selbstwertgefühls bei. Zum einen, da man stolz auf das Erreichte ist, und zum anderen, weil man das Gefühl hat, über größere Einnahmen zu verfügen, als man tatsächlich benötigt.

Niemand ist reich, nur weil er viel verdient. Gibt er sein Gehalt in voller Höhe wieder aus, baut er auch kein Vermögen auf. Der Vermögensaufbau resultiert also in erster Linie aus unserem Spar- und Konsumverhalten und weniger aus unserem Einkommen, denn wenn ich wenig verdiene, es aber schaffe, hiervon monatlich etwas zu sparen, baue ich mehr Vermögen auf als derjenige, der zwar mehr verdient, sein Gehalt aber jeden Monat vollständig ausgibt.

Dies fällt uns insbesondere bei einer Gehaltserhöhung auf. Wir erhalten jeden Monat mehr Gehalt, aber bei vielen herrscht am Ende des Monats die gleiche Ebbe wie vorher in der Kasse. Man hat anstelle des Sparverhaltens nur das Konsumverhalten gesteigert: »Solange noch Geld auf dem Konto ist, kann ich es auch ausgeben …«

Nur wer über Jahre hinweg mehr Geld einnimmt, als er ausgibt, und dieses entsprechend anlegt, wird die Möglichkeit haben, sich »reich zu sparen«. Wer hingegen mehr Geld ausgibt, als er einnimmt, lebt über seine Verhältnisse und wird es nie auf einen grünen Zweig bringen oder dauerhaft in finanziellen Schwierigkeiten stecken.

Vergleicht man das gängige Konsumverhalten eines Ottonormalverbrauchers mit dem vieler Millionäre – und hiermit meine ich nicht unbedingt den illustren Personenkreis aus den Medien –, kann man anhand vieler öffentlicher Aussagen oder Biografien immer wieder feststellen, dass Millionäre im Vergleich eher »unter ihren Verhältnissen« leben. Natürlich klingt es viel, wenn sich ein Millionär – mit einem Vermögen von beispielsweise fünf Millionen Euro – einen Anzug für 2000 Euro kauft. Setzt man dies in einen direkten Vergleich mit einer Person aus der Mittelschicht – wir gehen hier mal von einem angesparten Kapital in Höhe von 5000 Euro aus –, könnte sich dieser Ottonormalverbraucher gerade einmal einen Anzug im Wert von zwei Euro leisten, wenn man von vermögensangepassten Ausgaben ausgeht.

Als Entschuldigung dafür, dass viele nicht mehr sparen, hört man immer wieder Ausreden wie: »Es gibt ja kaum Zinsen; mein Gehalt lässt dies nicht zu; ich will jetzt leben; ich fange an zu sparen, wenn ich mal mehr verdiene ...« Diese oft Unbelehrbaren werden nie das Gefühl der Absicherung und des Stolzes hierüber erleben, wenn sie das erste Mal einen Kontoauszug mit einem hohen Guthabenbetrag in der Hand halten und feststellen, dass das Sparen sich doch gelohnt hat.

Für eine der einfachsten und unkompliziertesten Varianten halte ich einen fest eingerichteten Sparplan. Die Bank wird hierbei jeden Monat beauftragt, den Betrag X vom Girokonto/Gehaltskonto auf das Tagesgeldkonto oder Sparbuch zu überweisen, vorzugsweise jeweils zum Fünften eines Monats, da bis dahin in der Regel die Fixkosten abgebucht sind.

Eine abweichende Form hiervon hat eine Freundin von mir gewählt: Sie hat die Bank beauftragt, jeweils zu einem festgelegten Tag am Monatsende alles zu transferieren, was an diesem Tag als Guthaben besteht. Hierzu muss man seine Finanzen jedoch absolut im Griff haben, da immer ein bis drei Tage zu überbrücken sind, an denen man kein Geld abheben oder eine Überweisung ausführen kann, ohne ins Minus zu geraten. Eventuelle spätere Abbuchungen bedeuten eine zusätzliche Gefahr der Kontoüberziehung. Weiterhin erfordert diese Form des Sparplans eine enorme Disziplin im Konsumverhalten, da ansonsten am Monatsende Ebbe auf dem Konto ist und Überweisungen nicht ausgeführt werden könnten.

Generell gilt, dass man nur Geld zum Sparen verwenden sollte, das man auch tatsächlich hat. Einen Sparplan mit Geld aus einem Dispo zu erfüllen ist natürlich falsch, wird heutzutage aber von vielen so gehandhabt. Ganz einfach, weil sie irgendwann mal einen Sparplan eingerichtet und diesen ihren veränderten Lebensumständen (zum Beispiel nach dem Auszug bei den Eltern in die erste eigene Wohnung) nicht angepasst haben, in der Regel aus Bequemlichkeit oder des guten Gefühls wegen, das das Sparen vermittelt. Dass sie bei dieser Aktion jeden Monat drauflegen, realisieren die wenigsten.

Ebenso erachte ich den Rohstoff Gold für den Normalsparer als keine sinnvolle Anlage. Derzeit liegt der Goldpreis relativ hoch und es gibt keine Zinsen für diese Geldanlage. Um sein Vermögen durch Sparen zu vermehren, halte ich diese Form für zu spekulativ.

Aktive Sparmaßnahmen: Der unbequeme, aber erfolgreiche Weg, Schulden entgegenzusteuern und Vermögen aufzubauen

Dieses Kapitel betrifft nicht die Muss-Sparer, sondern die Freiwillig-Sparer. Es ist natürlich ein angenehmeres Sparen als im vorherigen Kapitel, da das freiwillige Sparen unter weniger Druck erfolgt und die Lebensweise nicht so drastisch eingeschränkt wird.

Wichtig ist, eine Einnahmen/Ausgaben-Aufstellung zu machen, um den Geldwert zu ermitteln, der einem monatlich zur freien Verfügung steht. Auf der Einnahmen-Seite steht in der Regel nur ein Posten, während die Ausgabenseite doch etwas unübersichtlicher ist. Hier rate ich, die Kontoauszüge vom zurückliegenden Jahr zur Hand zu nehmen, da ansonsten etliche Kosten, insbesondere solche, die nur einmal jährlich auftauchen, in Vergessenheit geraten.

Eine dauerhafte übersichtliche Finanzverwaltung können Sie auch kostenlos online führen (beispielsweise über www.myguV.de). Zusätzlich können Sie hier durch die Benutzung von Kategorien genau analysieren, wofür Sie wie viel Geld ausgegeben haben. Als ich im Bekanntenkreis bei so einer Aufstellung behilflich war, sind mir bei der Prüfung der Ausgaben immer wieder Kosten für Aktivitäten oder Konsumgüter aufgefallen, die ich bei der Höhe des Einkommens als völlig überzogen empfand. Auf Nachfrage erhielt ich die Auskunft: »Das habe ich mir halt mal gegönnt, dafür gehe ich doch auch arbeiten!« Also belohnt man sich in schlechten Zeiten dafür, dass man sein Geld nicht zusammenhalten kann? Hier sollten viele erst einmal anfangen, ihre Grundeinstellung zu überdenken, und berücksichtigen, dass Konsum in der Regel nur eine kurzzeitige Befriedigung darstellt, während die Freude an Dingen, die kein Geld, sondern Zeit kosten, oft viel länger anhaltend sein kann.

Bei der Kostenaufstellung ist mir außerdem immer wieder aufgefallen, in welcher Höhe und Häufigkeit die lieben Kartenzahlungen auftauchen. Hiervon rate ich dringend ab. Heutzutage haben viele nur noch einen fast leeren Geldbeutel und eine EC-Karte einstecken. Hiermit verliert man aber schnell den Überblick über seine Ausgaben. Es sind ja nur mal da 10 Euro und da 20 Euro, aber in der Summe läppert sich das enorm zusammen. Zahlt man stattdessen mit Bargeld, behält man eher den Überblick. Außerdem fällt es einem schwerer (rein psychologisch, mir geht es zumindest so), 50 Euro aus dem Geldbeutel zu nehmen und damit etwas zu bezahlen, als der Kassiererin nur mal kurz die Karte rüberzuschieben. Mein Tipp: Wieder vermehrt auf Bargeldzahlung setzen, um den Überblick zu behalten!

Weitere Posten stellen Versicherungsprämien dar. Hierbei sollte man prüfen, ob diese für einen unbedingt erforderlich sind und auch, ob der Versicherungsgegenstand vielleicht schon gar nicht mehr vorhanden ist. Mein Tipp: Aktuell nicht wirklich benötigte Versicherungen auf dem schnellsten Weg kündigen!

Gleiches gilt für die oft seit Jahren bestehenden Sportstudio- oder Zeitschriftenabonnements. Benötigen Sie diese Zeitschriften noch? Rentiert sich die weitere Mitgliedschaft im Studio oder gehen Sie so selten hin, dass Sie sich lieber eine günstigere oder gar kostenlose sportliche Betätigung (auch Hausarbeit verbrennt Kalorien) suchen sollten? Prüfen Sie in jedem Fall, ob sich die Krankenkasse an den Kosten für die Sportstudiomitgliedschaft beteiligt. Häufig lassen sich so etwa 20 Euro pro Monat einsparen.

Auch beim Thema Auto kann man Sparsamkeit walten lassen. Mir fällt immer wieder auf, dass wir uns alle über erhöhte Spritpreise aufregen, sobald die Presse dies entsprechend aufpuscht. Außerhalb dieser Zeit merke ich kaum, dass sich irgendjemand groß mit diesem Thema befasst. Dabei kann man in guten wie in schlechten Zeiten anhand der Preisabweichungen der einzelnen Tankstellen hier erhebliche Einsparungen erzielen.

Auch das unbequeme Thema Fahrgemeinschaft sollte man häufiger in seine Überlegungen mit einbeziehen (sei es für den Arbeitsweg, freizeitliche Aktivitäten oder sogar Urlaubsfahrten).

Und jetzt zu einem der häufigsten wiederkehrenden Posten in fast jeder Aufstellung: die Bäckertüte! In unserer Firma kursierte der Spruch: »Wer jeden Tag mit der Bäckertüte zur Arbeit kommt, hat keine Kohle.« Und dies traf witzigerweise in den meisten Fällen zu. Warum sind viele Menschen heute so bequem, dass sie, anstatt morgens fünf Minuten früher aufzustehen und sich ein paar Brote für die Firma zu schmieren und vielleicht noch etwas Obst dazu einzupacken, lieber jeden Morgen beim Bäcker oder der »Tanke« vorbeifahren, um sich dort mit Brötchen, süßen Teilchen, meist noch ein paar Süßigkeiten und einem Getränk einzudecken – auch dies kostet Zeit und vor allem zusätzliches Geld! Am besten sind die, die dann noch jammern, kein Geld zu haben! Mein Tipp an all diejenigen: Rechnen Sie nur mal grob zusammen, wie viel Geld Sie in einem Monat beim Bäcker, Imbiss oder der Tankstelle hierfür ausgegeben haben. Die Summe wird Sie überraschen!

Gleiches gilt für den Pizzadienst. Neulich erzählte mir eine Bekannte, die zurzeit jeden Cent zweimal umdrehen muss, dass sie sich zwei Portionen Spaghetti Napoli beim Pizzadienst bestellt habe. Sie war ganz stolz, weil sie somit den Gesamtbetrag von zehn Euro erreicht und eine kostenlose Anlieferung erhalten hatte. Meinen Kommentar hierzu muss ich, glaube ich, nicht wiedergeben. Selbst beim Kauf eines Fertigproduktes wäre sie mit zwei oder drei Euro für vier Personen locker hingekommen. Wieder jemand, der dem Schnäppchenwahn aufgesessen ist und vermeintlich gespart hat. Mein Tipp: Auch Alleinstehende können sich abends etwas kochen und die Reste am nächsten Tag mit in die Firma nehmen oder einfrieren.

Auch die teure Süßigkeitenfalle an Tankstellen kann man leicht umgehen, indem man sich generell im PKW einen kleinen Reiseproviant (Kaugummis, Kekse, Salzbrezeln und Fertiggetränke) für den kleinen Hunger zwischendurch »bunkert«.

Genauso leicht kann man bei Putzmitteln sparen. Statt sich den Putzschrank mit kostspieligen Chemikalien vollzustellen, sollte man auf altbewährte Hausmittel zurückgreifen, die das Gleiche leisten – oftmals sogar noch besser –, aber in jedem Fall preisgünstiger sind. Ich hole mir regelmäßig erfolgreich im Internet Rat im Portal »www.fragmutti.de« ein.

Oder machen Sie es wie Bekannte von mir und legen Sie sich eine »Straßenkasse« an. Dort sammeln diese alles »Dippesgeld«, was sie sozusagen auf der Straße finden (Geldmünzen und Pfandflaschen etc.). Wenn Sie mit offenen Augen durch die Gegend laufen, können Sie nach wenigen Monaten schon locker einige Euro ganz nebenbei kassieren.

Hinsichtlich unseres enormen Kleidungsbedarfs gibt es gleich mehrere Einsparmöglichkeiten. Zum einen kann man wunderschöne und kaum getragene Kleidung über Internetverkaufsportale oder einen Secondhand-Laden beziehen. Zum anderen empfehle ich, gründlich den eigenen Kleiderschrank auszumisten und eine kleine »Klamottenparty« mit Freundinnen zu veranstalten. Die Kleidungsstücke können untereinander getauscht oder günstig verkauft werden und man hat zudem noch jede Menge Spaß dabei.

Auch Shoppingmuffel (in der Regel männliche Wesen) können beim Klamottenkauf einige Euro einsparen. In der Regel kaufen sie selten, dafür aber in größeren Mengen Kleidungsstücke ein. Hier lohnt es sich immer, nach einem entsprechenden Rabatt zu fragen.

Bei großen Anschaffungen, beispielsweise einem Neuwagen, ist die Frage nach einem Rabatt unbedingt ein Muss. Acht Prozent Preisnachlass sollten auch bei Finanzierungen beim Autokauf mindestens geboten sein.

Und jetzt zum Posten Kontoführungsgebühren, was bei den meisten als »feste Kosten« einfach untergeht. Mein Tipp: Inzwischen gibt es viele Kreditinstitute, die diesen Service kostenlos oder zu einem weitaus günstigeren Preis anbieten. Vergleichen lohnt sich hier in jedem Fall! Das Gleiche gilt für Depotgebühren und Zinsen für die heiß geliebten Dispos. Die Preisroboter-Suchmaschinen im Internet stellen hier eine nützliche Hilfestellung dar, und man kann bei entsprechender Recherche schnell so manchen Euro einsparen.

Eine besondere, für uns Frauen wichtige Ausgabe stellt alle ein bis zwei Monate der Friseurbesuch dar. Mein Tipp: Fragen Sie bei Ihrem Friseur nach. Oft sucht dieser Modelle zu Lehrgangszwecken oder für seine Auszubildenden, und Sie kommen so zu einem kostengünstigen Haarschnitt, einer Färbung oder einer Dauerwelle. (Keine Angst, Azubis arbeiten hier unter fachmännischer Aufsicht.)

Nun noch ein Spartipp hinsichtlich der Ernährung. Ich rege mich immer über Fernsehsendungen auf, in denen es um Kinderarmut in Deutschland geht und wo dann beispielsweise sieben Kinder um den Tisch herum sitzen und Ravioli oder Spaghetti mit Tomatensauce essen und die Mutter den Reportern ihr Leid klagt, dass sie ihren Kindern aus finanziellen Gründen keine gesunde Nahrung ermöglichen kann, weil einfach kein Geld für Obst und Gemüse da ist. Haben diese Menschen noch nie etwas von der Wunderknolle Kartoffel gehört? Einen Zehn-Kilo-Sack gibt es im Angebot schon für drei Euro. Und die Kartoffel ist nicht nur ein preiswertes Gemüse, sondern zudem noch kalorienarm, gesund und vielseitig in der Küche zu verwenden. In Sparzeiten wird ein großer Topf Kartoffelsuppe gekocht, den man bei Bedarf mit Würstchen und preiswertem Gemüse anreichern kann. Der eingefrorene Rest ergibt dann etliche preiswerte und gesunde Mahlzeiten im Gefrierfach. Ähnliche Eigenschaften und Einsatzmöglichkeiten hat die Karotte. Allerdings ist dies wieder mit Arbeit verbunden. Eine Dose ist schneller aufgemacht – zwar teurer, aber wir können uns dann wenigstens selbst bedauern, dass wir zu wenig Geld haben.

Ebenso kann man im Sommer kostengünstig auf gesundes und selbst angebautes Obst und Gemüse sowie Kräuter zurückgreifen, sofern man über einen Balkon oder Garten verfügt. Man ist dann zwar an ein saisonbedingtes Kochen gebunden, aber das stellt ja sowieso eine gesündere Lebensweise dar.

Bezüglich eines weniger gesünderen Lasters, des Rauchens, lässt sich ebenfalls so mancher Euro sparen, wenn man hier den Glimmstängel selbst dreht. Natürlich wäre es noch sparsamer und gesünder, wenn man sofort mit dem Rauchen aufhören würde. Als jahrelange Raucherin weiß ich jedoch, dass das Sparen allein für einen Raucher noch kein ausschlaggebender Grund für die Entwöhnung ist, solange wir dies nicht tatsächlich wollen.

Auch an der Wohnungseinrichtung lässt sich sparen. In meinem ersten eigenen Reich befanden sich nur wenige und relativ einfache Möbelstücke, die ich nach und nach ausgetauscht und ergänzt habe. Trotzdem war diese Wohnung gemütlicher als so manche perfekt ausgestattete Wohnung meiner Freunde. Secondhand-Möbel findet man sowohl im Internet als auch auf Flohmärkten oder sogar auf dem Sperrmüll. Diese lassen sich häufig auch von Laien schnell und einfach auf Vordermann bringen.

Weiterhin ein nicht unerheblicher Kostenfaktor (insbesondere bei jungen Leuten): die Handyrechnung. Sie werden es kaum glauben, aber meine monatlichen Handyrechnungen könnte jeder Erstklässler locker von seinem Taschengeld bezahlen. Ich gebe zu, dass ich von Anfang an eine gewisse Abneigung gegen Handys hatte. Mir ist es unbegreiflich, dass man nach einem anstrengenden und in der Regel turbulenten Arbeitstag tatsächlich noch Lust hat, stundenlang zu telefonieren oder seinen Freunden und Bekannten wegen jeder Kleinigkeit eine SMS zu schicken. Da ziehe ich einen gemütlichen Abend unter Freunden vor. Und wenn es für Notfälle schon ein Handy sein muss (ein solches besitze ich tatsächlich auch), warum kaufen sich die Leute dann, insbesondere wenn sie finanziell etwas klamm sind, nicht einfach ein Kartentelefon? Auch hiermit kann man überleben, ist im Notfall erreichbar (an dieser Stelle höre ich schon meinen Mann laut lachen und den Hinweis einwerfen: »Ja, wenn man denn seinen Akku geladen hat«) und hat die Kosten unter Kontrolle.

Zu guter Letzt noch der Punkt Geschenke. Dieser regelmäßige und bei jährlicher Hochrechnung nicht unerhebliche Kostenfaktor kann ebenfalls eingeschränkt werden. Von meiner Mutter habe ich das »Geschenkeschrankprinzip« übernommen. Dieses beinhaltet, dass ich das ganze Jahr über Geschenke in einem speziell dafür vorgesehenen Schrank sammle. So muss ich Geschenke nicht wie viele auf den letzten Drücker und zu einem oft überteuerten Preis kaufen, sondern kann das ganze Jahr über Geschenke günstig einkaufen und bin für fast jeden Geburtstag und viele andere Anlässe gerüstet. In diesen Schrank kann man auch selbst erhaltene Geschenke legen, die seitens des Schenkers ein Fehlgriff waren, über die sich eine andere Person aber riesig freuen würde. So verprellt man den Schenker nicht mit der Rückgabe oder verschleudert das Geschenk zum Billigpreis und hat ein günstiges Präsent für einen lieben Freund oder Bekannten – ein gutes Gedächtnis vorausgesetzt!

Geschenkpapier, Bänder und Schleifen, die man zu Weihnachten und an Geburtstagen tonnenweise für teures Geld kauft, kann man durchaus noch einmal verwenden. Geschenke einfach vorsichtig auspacken, Papier und Bänder glätten und bis zur nächsten Gelegenheit aufbewahren. Denn bei den Kleinigkeiten fängt das Sparen an!

Eine zusätzliche Einsparung kann man beim Posten Geschenke auch durch die Ausstellung eines persönlichen Gutscheins erzielen. Warum muss es denn unbedingt ein materielles Geschenk sein? Ich habe vor Jahren zum Geburtstag einen Gutschein über »einen Tag Gartenhilfe« erhalten und habe mich hierüber riesig gefreut. Vielen Mamis würde dies bei einem Babysitter-Gutschein sicherlich ebenso ergehen.

Abschließend möchte ich in diesem Kapitel noch folgende Haushaltsplan-

Variante mit einfließen lassen, mein Schwager hat nämlich vor Jahren ein interessantes »Töpfchenprinzip« für seine Familie entwickelt: Er hat über Powerpoint ein Diagramm mit lauter Ausgabentöpfchen erstellt (Haushalt, Kleidung, Reisen, Versicherung etc.). Die Einnahmen flossen in das Haupttöpfchen und wurden von dort anteilsmäßig auf die einzelnen kleineren Töpfchen umgelegt. Mit den entsprechenden Ausgaben wurden dann die jeweiligen Töpfchen belastet. Somit konnte er jederzeit darstellen, für welchen Kostenfaktor er künftig Rücklagen bilden musste. Diese Art von Haushaltsplan lässt sich auch einfacher darstellen, ist aber in einer Phase der Kostenkontrolle unerlässlich, da man sich ansonsten häufig selbst beschummelt.

Einkommenssteigerung: Auf die Dauer hilft nur Power!

Es ist mir vollkommen klar, dass mir dieses Kapitel die meiste Kritik einbringen wird. Aber ich bin vom ersten bis zum letzten Tag meines aktiven Berufslebens und Angestelltendaseins mit dieser Devise gut gefahren, auch wenn ich mir hiermit nicht nur Freunde gemacht habe. Für mich war im Berufsleben die Geschwindigkeit und Rationalität immer das A und O. »So schnell wie nur möglich«, war stets meine Devise. Durch meine Arbeitsgeschwindigkeit konnte ich anfangs im Mahn- und Klagewesen die Realisierungsmöglichkeiten der Unternehmensforderungen verbessern (wer zuletzt Geld fordert, erhält es auch als Letzter oder gar nicht). Im späteren Verlauf, im Bereich Verkauf, konnte ich zum Beispiel durch das Versenden von individuellen Faxangeboten nur wenige Minuten nach der telefonischen Anfrage, im besten Fall noch während des Telefonates (wir Frauen sind ja Multitasking-Talente), beim Kunden den gewünschten positiven Überraschungseffekt erzielen.

Ihre Schnelligkeit wird auch irgendwann Ihrem Chef zu Ohren kommen, da führt kein Weg daran vorbei! Dies bietet eine ideale Grundlage für jedes Gehaltserhöhungsgespräch. Und es dürfte mit mehr Erfolg gekrönt sein als die Aussage: »Chef, ich brauche mehr Geld, weil meine Lebenshaltungskosten so gestiegen sind.«

Power ist auch bei einem Berufswechsel von Vorteil. Power-Leute scheuen sich hiervor in der Regel weniger und werden die These »Wenn man eine sichere Stelle hat, sollte man diese nicht wechseln« nur selten berücksichtigen. Wer bereits in der ersten Firma frühzeitig die Karriereleiter erklommen hat, sollte sich natürlich einen Berufswechsel zweimal überlegen. Alle anderen sollten sich jedoch vor Augen führen, dass ein solcher Wechsel nicht selten mit einem Zugewinn an Erfahrung und Einkommen verbunden ist.

Wer den entsprechenden Arbeitseinsatz, sprich Power, an den Tag legt, wird auch in einem bestehenden Arbeitsverhältnis, insbesondere durch seine Ideen, leichter eine Gehaltserhöhung durchsetzen können. Selbst in schwierigen Zeiten lässt sich bei vielen Chefs beispielsweise eine zusätzliche erfolgsabhängige Provision vereinbaren, von der letztendlich beide Parteien profitieren.

Mit Power das Einkommen zu steigern, diese These gilt jedoch nicht nur für Angestellte, sondern auch für Selbstständige. Ihre Arbeitsweise überträgt sich oft auf die Mitarbeiter. Gerade heutzutage ist Schnelligkeit im Geschäftsleben gefragt. Die Konkurrenz schläft nicht! Bei Produkt- oder Dienstleistungsgleichheit ist Schnelligkeit oft der entscheidende Service, um sich von den Mitbewerbern abzuheben.

Wenn wir früher Messen durchführten, standen nicht nur die Mitarbeiter vor Ort, sondern auch das Verkaufsteam im Büro unter extremem Stress. Noch während der Kunde/Interessent sich an unserem Messestand befand, spätestens jedoch wenige Minuten danach, wurde die Gesprächsnotiz inklusive seiner Visitenkarte an das Büro gefaxt. Von dort wurde in gleicher Geschwindigkeit der Angebots- oder Katalogversand veranlasst. Somit klingelte in der Regel ein bis zwei Tage nach seinem Messebesuch bereits der Postbote bei dem Interessenten und übergab ihm unseren Katalog. Sollte er ein Angebot angefordert haben, hatte er dieses oft noch vor seiner Rückkehr bereits per Fax oder E-Mail vorliegen. Somit hatten wir häufig schon den kompletten Verkauf abgewickelt, bevor der Außendienstmitarbeiter eines Mitbewerbers über die Kontaktaufnahme mit dem Messebesucher überhaupt nachgedacht hatte.

Leute, die diese Power an den Tag legen, geben in der Regel immer mehr, als von ihnen gefordert wird. Treffen sie auf Gleichgesinnte, ist das Team perfekt! Nur langsam tickende Menschen sind für sie ein Gräuel. So habe ich irgendwann mal gefordert, dass die PS-Zahl eines Autos automatisch der Arbeitsgeschwindigkeit seines Fahrers angepasst werden sollte. Meine Regel lautet: »So wie du fährst, so arbeitest du auch!« Leider hat mir mein Mann bei früheren Vorstellungsgesprächen, die er geführt hat, ausdrücklich untersagt, dass ich schon startklar in meinem Auto sitze, um den jeweiligen Bewerber zu verfolgen und zu testen …

Vielleicht argumentieren Sie jetzt wie eine meiner früheren Kolleginnen: »Je schneller ich arbeite, umso mehr Fehler mache ich.« Na prima, kann ich dazu nur sagen. Erstens lernen wir aus jedem Fehler und machen ihn erfahrungsgemäß nur einmal, und zweitens werde ich, wenn ich eine gewisse Routine in der schnellen Arbeitsweise entwickle, auch nicht mehr Fehler machen als alle anderen. Vielmehr werde ich im Laufe der Zeit rationeller arbeiten. Lediglich die Perfektion wird vielleicht das eine oder andere Mal auf der Strecke bleiben. Allerdings sorgt Perfektion gewöhnlich für weniger Erfolgserlebnisse als meine heiß geliebte Geschwindigkeit. Was nützt es mir, wenn ich als Kunde nach ein oder zwei Tagen ein perfektes Angebot erhalte? Bekomme ich es nach drei Minuten nicht ganz so perfekt und muss vielleicht noch eine kleine Frage dazu abklären, so kann ich trotzdem noch schneller meinen Auftrag erteilen, und beide Seiten sind glücklich!

Fehlende Power im Berufsleben hat viel mit der Einstellung zu Beruf und Arbeitgeber zu tun. Viele klagen heute nur noch über zu hohen Leistungsdruck und mangelnde Leistungen durch ihren »Brötchengeber«. Ihre eigene Leistung gegenüber dem Betrieb stellen sie jedoch nicht in Frage. Für sie gilt das Motto: »Der Chef ist natürlich verpflichtet, mir meinen bereits genehmigten Urlaub zu gewähren, obwohl unvorhersehbare Ereignisse eingetreten sind, die dem eigentlich entgegenstehen. Es ist egal, dass ich diese Zeit sogar im heimischen Garten verbringe, also meinen Urlaub auch um eine Woche verschieben könnte.« Oder ein weiteres häufig von mir beobachtetes Paradebeispiel: »Ich verlasse jeden Tag pünktlich auf die Minute meinen Arbeitsplatz, das Recht habe ich ja. Habe ich aber mal ein persönliches Problem, ist es doch ganz klar, dass ich das mit meinem Vorgesetzten während der Arbeitszeit kläre – wie soll ich es denn ansonsten schaffen, pünktlich das Haus zu verlassen?«

Mir tun diese Leute nur leid. Wenn ich mich spätestens eine Stunde vor Ende der Arbeitszeit nur noch mit meiner Armbanduhr befasse und anfange, die Minuten zu zählen, ist das ein Zeichen, dass mir meine Arbeit keinen Spaß macht. Power-Menschen würde das nicht passieren. Sie haben in der Regel Spaß an ihrer Arbeit, vergessen dabei völlig die Zeit und genießen innerlich jede Minute, die sie an ihrem Arbeitsplatz verbringen (bis auf die Zeit, in der ihnen mal wieder eine »schleichende Feder« über den Weg läuft). Schwierige Fälle reizen sie und werden vorrangig bearbeitet. Ihnen ist auch selten eine Aufgabe zu kompliziert. Eher empfinden sie Langeweile, wenn sie nur Standardaufgaben auf dem Tisch haben, bei denen sie ihren Ideenreichtum nicht einfließen lassen können.

Natürlich haben auch diese Menschen für ihr Umfeld einen riesigen Nachteil: Sie verbreiten Hektik. Bequemes und ruhiges Arbeiten ist in ihrer Gegenwart kaum möglich. Der Vorteil für alle Kollegen ist aber ihr Verantwortungsbewusstsein und ihr Arbeitseifer. In der Regel kann man ihnen einige Zusatzaufgaben von sich aufs Auge drücken.

Wenn Sie das Gefühl haben, dass Sie beruflich gern etwas erfolgreicher wären und gern mehr powern würden, Ihre Antriebslosigkeit dies jedoch nicht zulässt, dann erhalten Sie jetzt meinen absoluten Geheimtipp: Kaffee, viel Kaffee! Leider ist dies als Einstellungskriterium nicht erlaubt, aber in meiner Zusammenarbeit mit Kaffeetrinkern habe ich in meiner Laufbahn die größten Power-Erfolge gefeiert.

Zusatzeinnahmen: Jetzt werden wir aktiv!

Zu diesem Punkt fällt mir als Erstes eines meiner Lieblingsthemen ein: Flohmarkt! Vor Jahren, ich war Anfang zwanzig und gerade zu Hause ausgezogen, waren durch eine Autoanschaffung sowie eine große Betriebskostennachzahlung, natürlich fast gleichzeitig, meine wenigen stillen Reserven aufgebraucht. Ich stellte zuerst einmal einen strikten Haushaltsplan auf (100 DM wöchentlich für Essen, Trinken, Sprit, Ausgehen, Zigaretten und Kleidung). In Zeiten mit solch einem Budget lernt man seine wahren Freunde kennen. Vorher war jede Woche Party in meiner Wohnung angesagt (alle anderen wohnten noch zu Hause). Nachdem sich schnell herumsprach, dass bei mir solche Aktionen aktuell aus finanziellen Gründen nicht möglich sind, kamen mir alle Freunde und Bekannten mit großem Verständnis entgegen, das heißt sie verzichteten auf Besuche und meinten, man könnte ja mal wieder etwas unternehmen (Disco etc.), wenn meine finanzielle Lage nicht mehr so angespannt sei. Nur wenige damalige Freunde und Kollegen haben mich emotional und mit kleinen netten Gesten unterstützt, indem sie mir beispielsweise mal aus der Mittagspause einen Snack aus dem Restaurant mitbrachten oder meinem Durchhaltevermögen vollen Respekt zollten.

Mit meinen Eltern habe ich über meine finanzielle Situation »zwecks Anpumpen« nicht gesprochen, wie man sich nach Lektüre der ersten Kapitel ja wohl vorstellen kann. Doch sie waren es letztendlich, die mir anhand der von ihnen vermittelten Werte (hier insbesondere Stolz und Ehrgeiz) wirklich weitergeholfen haben.

Als Erstes brauchte ich zusätzliche Einnahmequellen, die ich neben meinem Hauptjob ausführen konnte, ohne diesen zu vernachlässigen. Da kam mir sofort der Gedanke: Flohmarkt. Ich konnte ein paar Kolleginnen dafür begeistern, alte Klamotten und Dinge, die sie schon seit Jahren nicht mehr benutzten, auszusortieren und mit mir zusammen auf einem Flohmarkt zu verkaufen. Bei dieser Aktion kam mehr zusammen, als wir es uns vorher erträumt hatten (bei mir waren es beim ersten Mal über 200 DM, womit ich schon mal wieder zwei Wochenbudgets abgedeckt hatte). Irgendwann waren unsere Vorräte aufgebraucht, aber unser Ideenreichtum sorgte ständig für Nachschub. In der Firma und in unseren Bekanntschaft- und Verwandtschaftskreisen rührten wir die Werbetrommel. Viele waren froh und dankbar, dass sie mal nach Herzenslust aussortieren konnten, ohne hierbei ein schlechtes Gewissen zu haben, da sie die Dinge ja nicht in den Müll warfen. Also, der Rubel rollte und bei einigen Sperrmüllaktionen konnten wir unser Komplettsortiment noch prächtig ergänzen.

Ich glaube, in dieser Zeit merkte ich bereits, dass ich Geld liebte. Das Sparen fiel mir auf einmal relativ leicht und ich war stolz wie Oskar über jede zusätzliche Einnahmequelle und mein anwachsendes Bankkonto. An den Wochenenden jobbte ich als Kellnerin oder Allroundkraft (samstags am Abend und sonntags am Nachmittag) in einem Bistro. Dies sehe ich gerade für viele junge Leute, die sich in ihrer Freizeit kostengünstig amüsieren wollen, als idealen Nebenjob. Man verdient Geld, während man live dabei ist und Spaß hat, in Lokalitäten, in denen man ansonsten sein Geld ausgibt. Zusätzlich kann man, wenn man mit Spaß und Leidenschaft an die Sache herangeht und dies den Gästen auch entsprechend vermittelt, als Bonus noch saftige Trinkgelder einstreichen.

Was soll ich sagen: Meine Geldprobleme hatten sich in kürzester, wenn auch sehr anstrengender Zeit in Luft aufgelöst und mein Bankkonto sah zum Monatsletzten, trotz der Erhöhung meines monatlichen Sparbetrages, besser aus als in der Zeit davor. Beide Einnahmequellen habe ich über Jahre beibehalten und bin noch heute, wenn auch nur noch sporadisch, eine begeisterte Flohmarktverkäuferin.

Daher mein Tipp an alle, die sich in einer kurzfristigen Geldknappheit befinden oder eine finanzielle Grundlage für ein neues Projekt suchen: Flohmärkte oder Internetverkaufsportale für private Verkäufer (dies eignet sich insbesondere in der kalten Jahreszeit besser) können Ihnen in kürzester Zeit und auch regelmäßig ideal als zusätzliche Einnahmequelle dienen. Internetverkaufsportale bieten nicht nur die Möglichkeit, unliebsame oder nicht mehr benötigte Dinge zu veräußern, sondern durch cleveres Kaufen und Wiederverkaufen ein paar nette Euro zusätzlich zu verdienen. Ich selbst habe hier schon einiges an Markenkleidung zu einem Schnäppchenpreis (zum Teil für 1 Euro und Lieferung frei Haus) ersteigert und konnte später einen weitaus höheren Verkaufspreis hierfür erzielen. Oder man investiert in einen größeren Sonderposten, stellt die Artikel danach einzeln wieder ein und freut sich auch hier in der Regel über eine satte Zusatzeinnahme.

Das Kellnern hatte ich erwähnt: Wem das nicht liegt, der findet für sich bestimmt einen passenden 400-Euro-Job, den er neben seiner Arbeit ausführen kann. Die Chefs zeigen hier in der Regel großes Verständnis, sofern der eigentliche Beruf nicht darunter leidet.

Eine ähnliche Möglichkeit bietet, insbesondere für junge Leute, auch die Urlaubszeit. Sie können Ihren Jahresurlaub für einen tollen Job nutzen, vielleicht sogar in einem sonnigen Paradies im Süden. Als Animateur wird man zwar nicht reich, bekommt aber Kost und Logis gestellt und erhält ein Taschengeld. Somit kommt man in der Regel an ein schönes Urlaubsziel, hat Spaß (natürlich auch einige Anstrengungen) mit den übrigen Gästen und muss sich nach der Urlaubsrückkehr keine Gedanken über ein überzogenes Konto machen.

Ein eher von Männern bevorzugter Nebenjob stellt der Lieferservice dar. Voraussetzung ist hier der Besitz eines Führerscheines. Sie können den Job in den Abendstunden ausführen und erhalten bei guter Leistung und entsprechendem Auftreten ebenfalls ein üppiges Trinkgeld.

Generell sollte der größte Teil dieser Zusatzeinnahmen immer zur Seite gelegt werden, um die monatliche Sparrate zu erhöhen oder um weitere Projekte in Angriff nehmen zu können. Denn wer sich und seine finanzielle Grundlage nicht weiterentwickelt, bleibt stehen. Wir sollten uns hier vielleicht ein Beispiel an kleinen Kindern nehmen, die mit Spaß und Neugier sowie einer erheblichen Portion Risikobereitschaft durchs Leben gehen und denen keine Anstrengung zu groß erscheint, um etwas Neues auszuprobieren oder ein Ziel zu erreichen.

Das eigene Heim,
der Part für alle fortgeschrittenen Anti-Chiller

Nachdem wir uns in den ersten Kapiteln vorwiegend mit den negativen Schulden (Konsumschulden) beschäftigt haben, kommen wir jetzt zu den positiven Schulden. Der Wunsch vieler, insbesondere um hohe Mietzahlungen einzusparen und eine Absicherung für das Alter zu haben, ist noch immer das eigene Zuhause. Doch künftige Eigenheimbesitzer sollten sich auch hier nicht von Sonderangeboten blenden lassen und die Finanzierung realistisch kalkulieren. Viele Paare sind zum Zeitpunkt der Finanzierung finanziell recht gut aufgestellt. Häufig sind sie Doppelverdiener mit einigen Ersparnissen und ohne Kinder. Dass sich dies schnell ändern kann, zeigen mir viele »Baukinder« in unserem Bekanntenkreis. Vermutlich sorgen die in Aussicht gestellte Nestwärme und der Blick auf andere Werte im Leben bei vielen gerade in dieser Zeit dafür, sich mit dem Thema Kinderwunsch vermehrt auseinanderzusetzen. Außerdem ist die Bauphase oft so anstrengend, dass man die Verhütung schon einmal vergessen kann.

Aber was passiert danach? Es steht in der Regel nur noch ein Einkommen zur Verfügung und die laufenden Kosten steigen. Diese Situation wird in vielen Finanzierungen nicht berücksichtigt. Bitte bedenken Sie immer, dass die Eigenheimfinanzierung eine langfristige Angelegenheit ist, in die man alle möglichen Eventualitäten (Jobverlust etc.) mit einfließen lassen sollte. Mir ist keine Bank bekannt, die vertragsmäßig eine Tilgungsaussetzung anbietet. Wenn überhaupt, dürfte dies nur auf Kulanz und mit guten Kontakten möglich sein. Also empfehle ich hierfür immer eine Rücklage von drei bis sechs Monatsgehältern zu bilden, um durch einen finanziellen Engpass, insbesondere bei einem Arbeitsplatzverlust, nicht gleich sein Eigenheim zu verlieren.

In jedem Fall sollte man vor Finanzierungsabschluss ein genaues Haushaltsbuch mit allen Ein- und Ausgaben führen, um einen realistischen Tilgungsplan aufstellen zu können. Sonderausgaben und Extrakosten bleiben ansonsten bei der Errechnung der Tilgungsraten oft unberücksichtigt. Sondereinnahmen wie Bonuszahlungen, Weihnachts- oder Urlaubsgeld sollten dagegen nicht in die Tilgungsrate mit einfließen, sondern besser später zur Sondertilgung eingesetzt werden. Ich persönlich halte eine monatliche Belastung (Zins, Tilgung und Nebenkosten) von 40 Prozent des monatlichen Nettoeinkommens für realistisch. Dies ist jedoch nur eine von mir aufgrund persönlicher Erfahrungen festgelegte Faustregel. Abweichungen, beispielsweise bei einem hohen Gehalt gegenüber einem günstigen Kaufpreis, sind natürlich möglich und sollten insbesondere bei einem niedrigen Zinssatz nach oben angepasst werden.

Viele schöpfen die Möglichkeit der bereits erwähnten Sondertilgung nicht aus. Selbst wenn diese vertraglich vereinbart ist, gibt man übriges Geld doch lieber für eine schöne Reise oder Ähnliches aus. Als ich mich hierüber mit meiner jüngsten Schwester unterhielt, stellten wir beide fest, dass außer uns kaum jemand die Chance zur Sondertilgung nutzt. Der gute Wille ist zwar bei Vertragsabschluss noch da, aber während der Laufzeit – meist schon nach zwei Monaten – ändert sich die Einstellung doch bei vielen. Einige Banken erlauben eine Sondertilgung von 5 Prozent der Darlehenssumme pro Jahr, vereinzelt sind bis zu 10 Prozent möglich. Diese Art der Tilgung wird heute sogar vereinzelt eingeräumt, ohne dafür einen höheren Zinssatz zu berechnen. Daher gilt: Vergleichen lohnt sich in jedem Fall, holen Sie sich unbedingt mehrere Finanzierungsangebote ein, bevor Sie sich über Jahre binden.

Auch sollte man beim Hauskauf in jedem Fall eine gewisse Eigenleistung, Kreativität und etwas Fantasie mit einfließen lassen. Oft kann man aus gebrauchten Immobilien mit wenigen Mitteln mehr machen, als man sich anfangs darunter vorstellen kann. Das kann gegenüber dem gleich perfekten Haus oft erhebliche finanzielle Vorteile bringen. Es müssen auch vorhandene Möbel nicht unbedingt eins zu eins in das neue Haus passen. Man kann sie nach und nach erneuern, was in der Regel günstiger ist, als einen höheren Kaufpreis für die Immobilie zu bezahlen, nur damit man alle Einrichtungsgegenstände an dem gewohnten Platz unterbringen kann. Viele können auch mehr Eigenleistung einfließen lassen, als ihnen im ersten Moment bewusst ist. Wir konnten anhand einiger Fachliteratur und nach Gesprächen mit und Ratschlägen von anderen Häuslebauern so manche Arbeiten selbst erledigen, für die wir ursprünglich einen Handwerker eingeplant hatten.

Die Lage der Immobilie (zentral in der Stadt oder erholsam im Grünen) spielt ebenfalls finanziell eine nicht unerhebliche Rolle. Häufig sind die Kosten für den Hauskauf oder den Bau auf dem Land, trotz eventueller Anschaffungs- und Unterhaltskosten für ein oder zwei Autos, weitaus günstiger als das Eigenheim in der Stadt.

Die ultimative Frage ist: Brauchen wir das wirklich? Sie gilt natürlich auch in der Kauf- oder Bauphase. Setzen Sie Prioritäten! Oberste Priorität sollte sein, dass man möglichst schnell eine gewisse Wohnqualität erzielt, damit man sich wohlfühlt und freut, nach Hause zu kommen. Monate- oder jahrelange Baustellenatmosphäre, nur weil man zu viele Projekte gleichzeitig in Angriff nimmt (»Da könnten wir doch auch noch eine Wand herausnehmen, jetzt wo wir noch nicht tapeziert haben, bietet sich das doch an«), belasten nicht nur Ihr Privatleben, sondern auch Ihre berufliche Leistungsfähigkeit.

Ein wichtiger Punkt sind auch die Betriebskosten. In der Regel vergrößern wir uns beim Erwerb eines Eigenheimes im Vergleich zu unseren bisherigen Wohnverhältnissen. Die höheren Betriebskosten werden hier oft gar nicht bedacht oder zu niedrig angesetzt. Auch müssen die erforderlichen Rücklagen mit einkalkuliert werden, denn wir können nicht wie bisher beim Vermieter eine defekte Heizung melden, um den Fall für uns zu erledigen. Das sind unvorhersehbare Kosten, für die wir als Eigenheimbesitzer in voller Höhe selbst aufkommen müssen.

Wenn Ihnen diese ganzen Vorbereitungen und Berechnungen sowie eine gewisse Eigenleistung bereits im Vorfeld zu umständlich und arbeitsaufwendig sind, hier mein gut gemeinter Tipp: Hände weg vom Eigenheimkauf! Ich denke jedoch, dass Sie nicht zu dem Personenkreis gehören, der diese Aufgaben scheut, denn sonst hätten Sie dieses Buch sicher schon zur Seite gelegt.

Teil 4:
Die berufliche und persönliche Weiterentwicklung

In der heutigen Zeit ist man, insbesondere als Mitarbeiter, immer mehr gefordert, Eigenverantwortung und Selbstmotivation für seinen Beruf und sein Leben zu übernehmen. Eine ständige berufliche und persönliche Weiterentwicklung ist unabdinglich und bildet häufig die Grundlage für einen beruflichen und/oder finanziellen Aufstieg. Selbstmanagement ist die Devise!

Wer nur Dienst nach Vorschrift macht und auch persönlich »stehen geblieben« ist, wird auf Dauer nicht nur seinem Arbeitgeber, sondern in erster Linie sich selbst schaden, denn er verliert, insbesondere beruflich, den Anschluss. Ständige Weiterbildung im privaten wie auch im beruflichen Bereich, Offenheit gegenüber neuen Ideen, Motivation, Zielsetzung, Planung und Flexibilität sind Voraussetzungen für ein entsprechendes Weiterkommen.

Es macht einfach Spaß, wenn man sich immer wieder etwas Neuartigem widmet. Man lässt alte und langweilige Angewohnheiten hinter sich und bringt frischen Wind in sein Leben. Nicht selten ist dies mit einer kompletten beruflichen Umstellung bis hin zum Schritt in die Selbstständigkeit verbunden. Generell sollte man das Leben als ständigen Lernprozess begreifen und auch bereit sein, sein eigenes Tun und Denken zu verändern. Also, krempeln Sie die Ärmel hoch und packen Sie Ihr Leben neu an. Die nachstehenden Ausführungen werden Sie hierbei hoffentlich unterstützen.

Der Aufstieg zur Führungskraft –
Ihr Team entscheidet über Ihre Stärke

Dieses Kapitel ist das persönlichste, das Sie in diesem Buch finden werden. Es schildert meine eigenen Erfahrungen im Führungsbereich und ist gleichzeitig eine Ergänzung meiner Danksagung an »mein Team«. Ich muss hier vorweg eingestehen, dass ich in meine Führungsposition mehr oder weniger hineingerutscht bin. Nachdem sich ein Konzern in unser Unternehmen eingekauft hatte und mein Mann weiterhin als Geschäftsführer fungierte, wurde mir von jetzt auf gleich die Position der Leiterin für Vertrieb und Innendienst zuteil.

Es ging mir hier wie vielen anderen, die zwar die fachliche Kompetenz bei einem Karriereaufstieg mitbringen, denen jedoch vorher nie Führungsqualifikationen vermittelt wurden. Führungstechnisch war ich ein absoluter Laie. Durch betriebliche Hektik, insbesondere durch diverse Umstrukturierungen, hatte mir einfach die Zeit gefehlt, mich durch Schulungen in diesem Bereich weiterzubilden. Dies lag vermutlich in erster Linie daran, dass ich mir diese Aufgabe nie zum Ziel gesetzt hatte.

Was es bedeutet, ein komplettes Team zu leiten, wurde mir relativ schnell bewusst. In den zwei Jahren, in denen ich diese Position innehatte, kam es zu so manchem Eklat. Anfangs versuchten einige Mitarbeiter meinen Mann und mich gegeneinander auszuspielen und stellten das eine oder andere Mal meine Entscheidungskompetenzen in Frage. Nicht selten flossen Tränen!

Nach und nach entdeckte ich die Vorteile eines starken und intakten Teams: mehr Spaß an der Arbeit, größere Leistungsbereitschaft, höhere Kreativität, konstruktivere Arbeitsweise und vieles mehr. Mir wurde klar, dass ich persönlich und beruflich nur gemeinsam mit meinen Mitarbeitern wachsen konnte. Hierzu musste ich allerdings auch bereit sein, zugunsten des Teams und der betrieblichen Abläufe sehr unliebsame Entscheidungen zu treffen. Einen Störenfried beispielsweise, der absolut nicht in das Team passt, will ich unbedingt noch während der Probezeit aus dem Team »entfernt« wissen. Wenn man ihn als Arbeitskraft nicht verlieren möchte, kann man versuchen, ihn in einer anderen Abteilung einzusetzen, was jedoch in den seltensten Fällen erfolgreich verläuft. Anfangs stellte es für mich auch ein erhebliches Problem dar, mit Personen zusammenzuarbeiten, die eine ganz andere Arbeitsweise als ich an den Tag legten, aber für deren Tun ich letztendlich verantwortlich war. Nicht selten endete dies in lauten Auseinandersetzungen. Kurz und gut, ich war als Vorgesetzte in der Anfangszeit sicher kein leichter Fall.

Natürlich gab es auch sehr viele positive Erlebnisse. Meine »Mädels« brachten mir das Inlineskaten bei und ich kam nicht um den Besuch einer vorwiegend von Jugendlichen besuchten Diskothek herum. Einmal monatlich gingen wir auch gemeinsam Essen. Durch die Neu- und Umgestaltung einiger Arbeitsgebiete konnte ich bald auf die Fähigkeiten und Stärken eines jeden Teammitgliedes besser eingehen, und die Motivation und Leistungsbereitschaft stiegen dadurch erheblich. Trotz der vielen Höhen und Tiefen habe ich die Führungsrolle gern ausgefüllt, weil ich dadurch die Möglichkeit hatte, ein starkes Team zusammenzustellen, das sich gegenseitig unterstützt, Spaß an der Arbeit hat und voller Elan für alles Neue ist.

Ich möchte hier jedem, der sich in einer ähnlichen wie der beschriebenen Situation befindet oder eine Führungsrolle anstrebt, einige wichtige Erkenntnisse und Erfahrungen mit auf den Weg geben:

1. Besuchen Sie unbedingt eine Weiterbildungsmaßnahme auf dem Weg »vom Kollegen zum Vorgesetzten« oder befassen Sie sich zumindest ausgiebig mit einschlägiger Fachliteratur.
2. Fördern Sie die Kreativität Ihres Teams und beziehen Sie abweichende Meinungen in Ihre Entscheidungen mit ein.
3. Nehmen Sie sich die Zeit, Ihren Mitarbeitern zuzuhören.
4. Werden Sie nicht laut, sondern bewahren Sie auch in Extremsituationen Haltung – dreimal tief durchatmen!
5. Haben Sie stets ein offenes Ohr und ein geschultes Auge für Probleme Ihrer Mitarbeiter.
6. Genauso wichtig wie konstruktive Kritik ist aufbauendes Lob!
7. Delegieren Sie Aufgaben und übertragen Sie Verantwortung.
8. Akzeptieren Sie unterschiedliche Charaktere und daraus resultierende abweichende Arbeitsweisen.
9. Sorgen Sie dafür, dass die Arbeit gerecht verteilt wird.
10. Schmücken Sie sich nicht mit fremden Federn, sondern verteilen Sie das Lob an alle Mitarbeiter, die zu einem Erfolg beigetragen haben.
11. Halten Sie Ihr Team, sofern Sie im Vertrieb tätig sind, über Gewinn- und Verlustzahlen auf dem Laufenden. Das stärkt den Teamgeist und spornt die Leistungsbereitschaft an.
12. Seien Sie ein »Teil« des Teams.
13. Stellen Sie sich Dritten gegenüber immer vor Ihr Team.
14. Haben Sie kein Problem damit, selbst Fehler zuzugeben und auch Ratschläge innerhalb des Teams einzuholen, wenn Sie einmal mit Ihrem Latein am Ende sind.

15. Führen Sie regelmäßig Teambesprechungen durch, in denen die Mitarbeiter Vorschläge und Anregungen, aber auch Sorgen und Nöte vortragen können.
16. Sorgen Sie für eine abwechslungsreiche Gestaltung der Arbeitsgebiete unter Berücksichtigung der Stärken und Schwächen eines jeden Einzelnen.
17. Vergessen Sie vor lauter Arbeit nicht den Spaß! Eine kleine humorvolle Arbeitsunterbrechung sorgt für einen klaren Kopf und neuen Elan.
18. Führen Sie gemeinsame Freizeitaktivitäten durch.

Dies sind nur einige wenige Punkte, die man als Führungspersönlichkeit berücksichtigen sollte. Es gibt weitaus geschultere Personen, die Ihnen diese Themen grundlegend vermitteln können. Aber auch diese Fachleute sollten die Mitarbeiter als Individuen betrachten. Es gibt keine Vorgabe, die auf jeden in gleicher Form anzuwenden ist.

Natürlich ist man als Führungskraft immer wieder versucht, Mitarbeiter zu manipulieren und für seine Zwecke einzuspannen. Aber nicht immer ist dies von Erfolg gekrönt. Ein Gespräch unter vier Augen bringt hier häufig mehr. Berücksichtigen Sie bitte stets, dass berufliche Einzelkämpfer nicht selten durch ihr eigenes Verhalten dem Karriere-Killer zum Opfer fallen. Sie können als Vorgesetzter fachlich noch so versiert sein, wenn Sie es nicht gleichzeitig erreichen, Teamgeist zu entwickeln und ein starkes Team aufzubauen, werden Erfolg und Gewinn nur schwer zu erlangen sein.

> *Ganz gleich, welch großer Krieger er ist,*
> *ein Häuptling kann die Schlacht nicht gewinnen*
> *ohne seine Indianer.*
>
> Autor unbekannt

Vom Hobby zur Selbstständigkeit

Jetzt wird es noch etwas anstrengender. Aber ich bin mir sicher, dass heute fast jeder die Möglichkeit hat, sein Hobby oder seine Berufung zu seinem Beruf zu machen. Noch erfüllender dürfte dann auch der Schritt in die Selbstständigkeit sein. Wer die Grundvoraussetzungen wie Begeisterung,

Leidenschaft und völlige Hingabe hierfür mitbringt, dürfte sich in der Selbstständigkeit wohler fühlen als in einem Angestelltenverhältnis.

Am meisten faszinieren mich Leute, die es tatsächlich geschafft haben, ihr Hobby zu ihrem Beruf zu machen, in dem sie dann völlig aufgehen. Warum nicht mit der Sache Geld verdienen, die man am liebsten macht? Natürlich ist dies insbesondere dann, wenn man einen festen, gut bezahlten Job verlässt, mit einem nicht unerheblichen Risiko verbunden. Aber wer nicht wagt, der nicht gewinnt! Durch Unkenrufe wie »Hör auf zu träumen!« sollte man sich bei diesem Entschluss wirklich nicht beeinflussen lassen. Wer es versäumt, seine Träume in die Realität umzusetzen, oder wer dies nicht wenigstens versucht, wird es irgendwann einmal sehr bereuen.

Bei diesem Schritt fehlt es meiner Meinung nach den meisten an der Vorstellungskraft und Willensstärke, den Weg bis ans Ziel zu gehen. Das mag daran liegen, dass es sehr zeitaufwendig und mit vielen Überlegungen verbunden ist, herauszufinden, was einem wirklich liegt und Spaß macht. Oftmals sind wir in der heutigen Zeit ja eher bereit, einen erheblichen Aufwand in Überlegungen und Planungen bezüglich unseres Urlaubes oder eines Autokaufes zu stecken, als Zeit für unsere beruflichen Ziele zu investieren, obwohl diese unser Leben länger und stärker beeinflussen.

Ich habe letztens einen Bericht über eine Frau gelesen, die aus ihrem Hobby, dem Aufbereiten von Möbeln, ihren Beruf gemacht hat. Sie kauft billige, restaurationsbedürftige Möbel auf Flohmärkten ein oder erfragt sie bei Sperrmüllsammlungen, um sie dann hochwertig aufzubereiten und in ihrem eigenen Laden zu verkaufen. Inzwischen stattet sie sogar Häuser mit der kompletten Inneneinrichtung aus.

Eine frühere Nachbarin von uns kam von einem Langzeitaufenthalt in den USA zurück und brachte neben entsprechenden Materialien und Werkzeugen auch viele neue Eindrücke und Ideen aus dem Bereich des Porzellangießens und -bemalens mit. Sie bot in Deutschland hierzu Kurse an und ermöglichte auch Kaufinteressenten, die diesem Hobby selbst nicht nachgehen wollten, individuelle, speziell für sie angefertigte Stücke bei ihr zu erwerben. Das war zu diesem Zeitpunkt eine echte Marktlücke und sie konnte innerhalb kürzester Zeit auf einen großen Kundenstamm zurückgreifen. Denn gerade Leute mit viel Geld, aber wenig Zeit genießen gern den Vorteil einer Handarbeit, die nach ihren farblichen Vorgaben angefertigt wurde und somit optimal ihre Einrichtung ergänzt.

Um einen solchen Schritt zu wagen, ist es auch altersmäßig nie zu spät. Ich kannte einen Arzt, der mit Anfang 60 entschied, seine lukrative und gut gehende Praxis zu schließen und stattdessen seinem Traum als Taxifahrer auf Mallorca zu verwirklichen. Er wanderte aus, kaufte sich dort ein Taxi und erwarb die benötigte Lizenz. Somit sorgte er für zusätzliche Einnahmen im Altersruhestand – mit einer Tätigkeit, von der er schon immer geträumt hatte. Und deutsche Urlauber kamen so in den Genuss eines deutschsprachigen Fahrdienstes.

Wichtig bei der Planung eines solchen Neustarts ist es in erster Linie, sich von den Mitbewerbern abzuheben (anders zu sein als andere) und eine Marktlücke zu entdecken. Wenn ich eine Geschäftsidee nur kopiere, um einen vermeintlich einfachen Einstieg zu haben, habe ich es später umso schwerer, dauerhaft Erfolge zu erzielen.

Zwischenzeitlich besteht durchaus die Möglichkeit, insbesondere im kreativen Bereich, das Ganze erst einmal über eine Internetplattform auszuprobieren und dort (nebenberuflich) einen Shop zu eröffnen. Das Feedback hieraus wird einen bestärken oder zum Umdenken anregen, es wird aber in jedem Fall bei einer Existenzgründung behilflich sein. Durch den Umweg über die nebenberufliche Selbstständigkeit zur hauptberuflichen Selbstständigkeit kann man das Risiko doch erheblich einschränken, man ist nicht gleich auf die Einnahmen angewiesen und kann so entspannter an die Gründung eines Unternehmens herantreten.

Sollte es dann im ersten Anlauf wirklich nicht klappen, ist man nicht gleich arbeitslos und bleibt weiterhin finanziell abgesichert. Außerdem hat man die Chance, vorab »auf dem kleinen Weg« seine Erfahrungen im kaufmännischen Bereich und dem des Marketings zu sammeln und sich entsprechend weiterzubilden, bevor dies gleich in erheblichem Umfang zum Alltagsgeschäft gehört.

Sobald das Geschäft entsprechend angelaufen ist, man aber aufgrund seines Sicherheitsdenkens den entscheidenden Schritt in die hauptberufliche Selbstständigkeit vor sich herschiebt, hat man immer noch die Möglichkeit, einen weiteren Zwischenschritt einzulegen, indem man einen Antrag auf eine Teilzeitstelle bei seinem Arbeitgeber stellt. Bei größeren Unternehmen mit mehr als 15 Mitarbeitern ist diesem Wunsch des Arbeitnehmers durch den Arbeitgeber nachzukommen, sofern keine dringenden betrieblichen Erfordernisse dagegensprechen.

In jedem Fall sollte auch bei einer nebenberuflichen Existenzgründung ein gewisses finanzielles Polster vorhanden sein und der Verdienst aus Haupt- und Nebenberuf nicht gleich ausgegeben, sondern teilweise für den Einstieg in die hauptberufliche Existenzgründung zurückgelegt werden. Bestimmt kein einfacher Weg, aber auch hier gilt mein Lieblingszitat von Bertolt Brecht:

> *Wer kämpft, kann verlieren.*
> *Wer nicht kämpft, hat schon verloren.«*

Der große Schritt in die hauptberufliche Selbstständigkeit

Dieser Schritt ist einer der entscheidendsten und risikobehaftetsten, den Sie auf dem Weg in Ihre finanzielle Freiheit gehen können. Er ist nicht für jedermann geeignet. Wenn Ihnen Ihr bisheriger Job Spaß macht, wenn Sie einen Chef haben, der Ihre Ideen und Vorschläge berücksichtigt und honoriert, und Sie die relative Absicherung in einem festen Angestelltenverhältnis nicht verlieren wollen, warum sollten Sie sich dann selbstständig machen? Sie können auch als Angestellter in Ihrem Job erfolgreich sein und Ihrer Arbeit mit Leidenschaft und Spaß nachgehen. Nicht selten verdienen Sie in der gleichen Sparte als Angestellter sogar besser. Auch Arbeitslosen, die durch ein interessantes Existenzgründerdarlehen den Weg in die Selbstständigkeit suchen, nur um nicht arbeitslos zu sein, rate ich dringend hiervon ab, wenn dies ihr einziger Beweggrund ist. Sie sollten lieber nach einem anderen Weg für einen Wiedereinstieg ins Berufsleben suchen.

Anders sieht es aus, wenn es schon immer Ihr Wunsch war, sich irgendwann einmal selbstständig zu machen, und Sie vielleicht zusätzlich in Ihrem bisherigen Job absolut unglücklich sind. Dann sollten Sie, unter Berücksichtigung einiger wichtiger Faktoren, diesen Weg einschlagen und gleichzeitig die Möglichkeit nutzen, Ihren Traumberuf zu ergreifen, um in diesem Zuge auch eine eventuell früher falsch getroffene Berufswahl zu revidieren. Sie müssen jedoch unbedingt voller Tatendrang an diese Aufgabe gehen! Sollte es Ihnen an dieser Energie bereits im Vorfeld mangeln, so haben Sie nur geringe Erfolgsaussichten.

Mit der richtigen Geschäftsidee lässt sich auch in der heutigen Zeit noch gutes Geld verdienen, wenn man planmäßig und punktuell vorgeht. Wichtigster Grundsatz beim Schritt in die Selbstständigkeit sollte sein, schneller, besser und wenn möglich günstiger zu sein als ein bestehender Mitbewerber.

Zusätzlich sollten Sie sich bei der Auswahl der Produkte oder Dienstleistungen, die Sie anbieten wollen, folgende Anfangsfragen stellen: Wie kann ich auf einfache Weise Geld verdienen? Lassen Sie hier alle Erfahrungen aus Ihrer bisherigen beruflichen Tätigkeit und auch die Beobachtungen, die Sie diesbezüglich bei anderen Unternehmen gemacht haben, mit einfließen. Denken Sie wie die Chinesen: Wer macht womit sein Geld? Kann ich das nachbauen und günstiger anbieten? Suchen Sie ertragsmäßig nur nach Spitzenprodukten und der Möglichkeit, diese noch besser als eventuelle Mitbewerber auf dem Markt zu platzieren.

Sie sollten einen Bereich finden/ausüben, mit dem Sie sich identifizieren können und dem Sie mit Leidenschaft nachgehen. Sollten Sie beispielsweise nur ein Geschäft eröffnen, weil Ihnen diese Sparte derzeit sehr rentabel erscheint, Sie sich aber mit den Produkten in keinster Weise identifizieren können, sehe ich hier nur wenig Erfolgsaussicht. Die Belastungen der Selbstständigkeit werden schon nach kurzer Zeit den Spaß an der Arbeit überwiegen und Sie werden sich relativ schnell nach Ihrem früheren Angestelltendasein zurücksehnen.

Generell kann man das Unterfangen Selbstständigkeit in drei Abschnitte unterteilen: die Vorbereitungsphase, den Geschäftsbeginn und die Praxis.

Zur Vorbereitungsphase zählt als erster Punkt die Idee. Achten Sie darauf, dass Sie wirklich alles, von der Geschäftsidee bis hin zu Einfällen bezüglich des Firmennamens oder der Produktnamen, also wirklich alles, sofort notieren. Nehmen Sie sich hierfür ausreichend Zeit. Viele Ideen müssen erst reifen. Einige werden Sie wieder verwerfen. Genauso viele neue werden jedoch hinzukommen. Nutzen Sie die Kreativität Ihrer Gedanken! Oberstes Gebot sollte hierbei sein, dass Sie mit niemandem über diese Idee(n) sprechen. Sehen Sie die Grundidee als eine kleine Pflanze an, welche erst wachsen und tiefe Wurzeln bilden muss, bevor hieraus ein großer, starker Baum werden kann. Ansonsten laufen Sie Gefahr, dass Ihnen jemand diese Idee bereits im Vorfeld madig macht (»Bist du dir wirklich sicher? Was machst du, wenn es nicht klappt? Das kann aber auch schiefgehen!«) oder schlimmstenfalls sogar klaut und für eigene Zwecke verwendet.

Danach ist es ganz wichtig, sich einen genauen Plan zu erstellen. Dieser sollte die Grundsätze Ihrer Geschäftsidee, aber auch deren Umsetzungsmöglichkeiten sowie die hieraus resultierenden Einnahmemöglichkeiten beziehungsweise -quellen enthalten. Folgende Punkte sollten Sie hier vorab für sich klären und auflisten:

- Standortfrage: Benötige ich ein Büro/Ladengeschäft oder kann ich das Unternehmen von zu Hause aus führen?
- Wie möchte ich meine Grundidee vermarkten (Vertriebsweg)? Stelle ich mich selbst in den Laden? Eröffne ich einen Internetshop? Schicke ich Vertreter los? Stelle ich auf Messen aus?
- Wer sind meine potenziellen Kunden? Hier sollten Sie die genaue Kundengruppe notieren und zugleich festhalten, wie Sie diesen potenziellen Kunden Ihr Produkt beziehungsweise Ihre Dienstleistung schmackhaft machen können und welches Produkt aus Ihrem gedanklichen Produktsortiment genau auf diese Kundengruppe abzielt.
- Wer sind meine Mitbewerber? Internet-Suchmaschinen können Ihnen bei der branchenspezifischen Recherche behilflich sein.
- Welche Verkaufsideen haben meine Mitbewerber und wie setzen sie diese um? Hierbei sollten auch deren Vertriebswege und Marketingstrategien genauestens unter die Lupe genommen werden. Im Internet veröffentlichte Kundenbewertungen können hierbei nützliche Hilfestellungen geben.
- Wer sind meine Lieferanten? Kann ich hier verschiedene ins Boot nehmen, um mich nicht von einem Unternehmen abhängig zu machen? Besteht die Möglichkeit, einige der Produkte selbst herzustellen?
- Welche Zulassungen, Genehmigungen und Versicherungen benötige ich? Bezüglich dieser und vieler anderer Gründungsfragen kann ich Neueinsteigern nur empfehlen, vorab an einem Existenzgründerseminar teilzunehmen. Diese werden sowohl von der IHK (Industrie- und Handelskammer) als auch von diversen Unternehmensberatungen angeboten.
- Welchen Namen gebe ich dem Kind? Wie soll mein Unternehmen heißen? Welchen Namen gebe ich den Produkten, die ich vertreiben möchte (Markenname)?
- Wie viele Mitarbeiter benötige ich? Kann/will ich die kompletten Geschäftsabläufe selbst durchführen? Wenn nein, mit wie vielen Mit-

arbeitern möchte ich beginnen und welche festen monatlichen Kosten (einschließlich Steuern und Sozialversicherungsabgaben) entstehen mir daraus?

- Worauf stützt sich mein Verkaufsargument in der Werbung? Wie lautet mein Werbeslogan? Beispielsweise: gut – schnell – günstig.
- Wie könnte meine Internetadresse heißen? Ist diese noch frei? Die Internetseite sollte in direktem Zusammenhang mit dem Unternehmen stehen und sich bei Dritten leicht einprägen. Freie Internetseiten kann man über www.nic.de prüfen und hierüber seine ausgewählte später auch registrieren lassen.
- Welche Unternehmensform wähle ich?

Auch wenn Ihnen diese Angaben zu aufwendig erscheinen sollten (und ich habe hier bestimmt noch nicht alle aufgeführt), so ist diese detaillierte Erfassung dennoch das A und O jeder Selbstständigkeit. Viele Unternehmer scheitern bereits relativ früh, weil sie in der Planungsphase zu sorglos an das Ganze herangetreten sind. Basierend auf dieser Aufstellung, sollten noch folgende Punkte möglichst genau ermittelt und festgehalten werden:

- Wie viel werde ich mit dieser Geschäftsidee voraussichtlich verdienen?
- Welche Kosten (Fixkosten wie Miete und Gehälter; variable Kosten wie Werbung) habe ich?

Nach Auswertung und Gegenüberstellung speziell dieser Punkte bezüglich Einnahmen und Ausgaben müssen Sie nun die wichtige Entscheidung treffen: Werde ich meine Geschäftsidee in die Tat umsetzen? Hier darf es nur ein klares Ja oder ein klares Nein geben! Im Falle eines klaren Neins sollten Sie ehrlich zu sich selbst sein und sich eingestehen, dass Sie noch nicht den richtigen Weg in die Selbstständigkeit gefunden haben. Jetzt sollten Sie jedoch nicht aufgeben, sondern weiter nach Möglichkeiten suchen. Häufig hilft es schon, wenn man sich einige Zeit in ein stilles Kämmerlein verzieht, ohne jeglichen Kontakt nach außen, um seine Gedanken zu ordnen und neue Ideen zu entwickeln. Die Ergebnisse dieser Sitzung sollte man danach umgehend zu Papier bringen und mit den vorgenannten Ausarbeitungen wieder von vorn beginnen.

Sofern ein klares Ja gefallen ist, heißt der nächste Schritt Finanzierung. Zur Finanzierung Ihrer Selbstständigkeit gibt es verschiedene Möglichkeiten und Förderungsarten. Bei der Ermittlung der erforderlichen Finanzierungssumme sollten Sie jedoch immer im Auge behalten, dass sich das Unternehmen, nach einer angemessenen Startphase, möglichst schnell selbst tragen muss. Andererseits ist gerade die Unternehmensgründung mit vielen, vorher nicht genau kalkulierbaren Kosten und Aufwendungen verbunden. Ein gewisser Puffer sollte unbedingt gebildet werden (Empfehlung meines Mannes: 10 Prozent der Kosten für ein Jahr, sofern vorab auch wirklich alle Überlegungen in die Aufstellungen mit eingeflossen sind).

Sollten Sie hierdurch verunsichert sein, empfehle ich Ihnen, vorab eine individuelle Existenzgründungs- und Steuerberatung in Anspruch zu nehmen, um mit möglichst genauen Zahlen arbeiten zu können und sich einen genaueren Einblick in die möglichen Finanzierungs- und Förderarten zu verschaffen. Sollten Sie aus der Arbeitslosigkeit direkt in die Selbstständigkeit übergehen wollen, haben Sie die Möglichkeit, sich diesbezüglich an das Arbeitsamt zu wenden, um dort Chancen und Voraussetzungen für den Erhalt eines Gründerzuschusses abzuklären.

In der Regel ist bei der Finanzierung Ihre Hausbank Ihr erster Ansprechpartner. Diese verlangt jedoch private Sicherheiten (wie beispielsweise eine Hypothek auf eine in Ihrem Eigentum befindliche Immobilie) und/oder eine Teilabdeckung der Finanzierungssumme durch eine entsprechende Bürgschaft. Diese kann sowohl durch eine finanzkräftige Privatperson als auch über eine Bürgschaftsbank erfolgen. Nähere Informationen hierzu gibt es bei der Bürgschaftsbank des jeweiligen Bundeslandes, nachzulesen auf den Internetseiten des Verbandes Deutscher Bürgschaftsbanken (VDB). Daneben gibt es zahlreiche weitere Förderprogramme, beispielsweise bei der KfW (Kreditanstalt für Wiederaufbau) oder von Landesförderinstituten.

Eine weitere Möglichkeit besteht über die Finanzierung durch private Investoren. Diese werden nur dann investieren, wenn Ihre Geschäftsidee wirklich aussichtsreich ist. Bei der Vermittlung dieser Investoren kann Ihnen häufig die IHK behilflich sein. Bei dieser Finanzierungsart sollten Sie sich im Vorfeld über den Investor genauestens informieren und auch die Art der Unternehmensbeteiligung (Mitbestimmungsrecht etc.) genau festlegen.

Nachdem Sie die Finanzierung erfolgreich abgeschlossen haben, können Sie die zweite Phase, den **Geschäftsbeginn**, in Angriff nehmen. Um Ihr Gewerbe anzumelden, müssen Sie eine entsprechende Gewerbeanmeldung bei Ihrem zuständigen Gewerbeamt vornehmen. Die Preise hierfür sind örtlich abweichend. Auf dieser Anmeldung müssen Sie unter anderem Ihre spätere Unternehmenstätigkeit in einigen Stichwörtern aufführen. Diese sollten Sie sich vorab genauestens überlegen, da eine spätere Änderung oder Ergänzung Ihres Tätigkeitsgebietes auch eine Änderung der Gewerbeanmeldung erforderlich macht. Wenn man zum Beispiel »Handel mit technischen Produkten« angibt, kann man später nicht einfach Marmelade verkaufen.

Durch das Gewerbeamt werden dann weitere Behörden wie das Finanzamt und die IHK von Ihrer Gewerbetätigkeit informiert. Diese werden sich automatisch schriftlich mit Ihnen in Verbindung setzen. In wichtigen Dingen, wie beispielsweise der Erteilung Ihrer Steuernummer, sollten Sie bereits vorab telefonisch mit dem Finanzamt Kontakt aufnehmen, da Sie diese Nummer in der Regel schon beim Wareneinkauf, spätestens jedoch beim Ausstellen Ihrer ersten Rechnung benötigen werden.

Das in der Gewerbeanmeldung als Beginn der Tätigkeit aufgeführte Datum entspricht dem Geschäftsbeginn. Ab diesem Termin können Sie Ihre Geschäftsidee in der Praxis ausüben.

Die dritte Phase, **die Praxis**, ist so umfangreich und von Geschäftsbereich zu Geschäftsbereich so variabel, dass vermutlich hundert Bücher nicht ausreichen würden, um diese genauer auszuführen. Allerdings gibt es einige Dinge, die sich auf einen Nenner bringen lassen und auf viele Unternehmen zutreffen.

Das Wichtigste in Ihrem Tagesgeschäft ist Ihr Kunde. Somit sollten Kundenservice und Kundenbindung immer ganz oben stehen. Die Mundpropaganda (heutzutage unterstützt durch den allgegenwärtigen Austausch von Meinungen und Bewertungen auf Internetportalen) ist eine der günstigsten und effektivsten Werbemöglichkeiten.

Was die Kundenbindung betrifft, so ist nicht zu vergessen, dass es relativ wenig Einsatz kostet, diese aktiv zu betreiben, wenn Sie diese Zeit und Mühe einer Neukundengewinnung gegenüberstellen. Natürlich gibt es immer wieder Situationen, in denen wir einem Kunden am liebsten »den Hals umdrehen« würden, beispielsweise weil er uns mit seinen ständigen Reklamationen oder seinem derben oder aggressiven Umgangston einfach nur nervt. Ihre Emotion aber darf der Kunde in gar keinem Fall Ihrer

Reaktion entnehmen können. Lächeln Sie, das ist oberstes Gebot, selbst wenn Sie mit ihm telefonieren! Stimme und Tonfall könnten Sie verraten. Solange es noch keine Gedankenübertragung gibt, wird Ihr Gegenüber das »Schummeln« auch nicht merken. (Die Umsetzung dieser Erkenntnis hat mich Jahre gekostet.)

Woanders mag der Kunde König sein, bei Ihnen ist er Kaiser! Diese Aussage gilt jedoch nicht um jeden Preis. Wenn Sie feststellen, dass der Kunde Ihre Geschäftsabläufe regelmäßig »stört«, sprich Sie oder Ihre Mitarbeiter mit stundenlangen Diskussionen von Ihrer Arbeit abhält, jede Lieferung an ihn mit einer unbegründeten Reklamation verbunden ist, Sie regelmäßig seinen Zahlungen hinterherlaufen müssen und er eigentlich auch nur Artikel bei Ihnen kauft, weil er diese woanders nicht bekommt, dann ist es Zeit, unter diese Geschäftsverbindung einen Schlussstrich zu ziehen. Es kann nicht sein, dass Sie oder Ihre Mitarbeiter auf Dauer Ihre wertvolle Zeit in schlechte Kunden investieren und die guten Kunden hierbei auf der Strecke bleiben.

Ein weiterer wichtiger Faktor in der Geschäftspraxis ist die Bereitschaft zur Weiterbildung. Viele Selbstständige sehen mit dem Einstieg in die Selbstständigkeit ihr Ziel als erreicht an und unterliegen nicht selten einer gewissen Selbstüberschätzung. Aus zeitlichen Gründen wird es versäumt, sich ständig mit aktuellen Informationen und/oder Seminarbesuchen auf dem Laufenden zu halten. Qualifikationen und Wissensaneignung werden als notwendige Übel angesehen, die man, wenn es denn unbedingt sein muss, lieber einem Mitarbeiter überträgt. Häufig konnte ich beispielsweise in Friseursalons beobachten, dass die Chefin zwar Meisterin und Inhaberin war, die Mitarbeiterinnen sich aber fachlich eher auf dem neuesten Stand befanden.

Nicht zu unterschätzen ist hier auch die Einstellung des Partners und der Familie. Viele Partner reagieren hier, insbesondere wenn die Euphorie der Startphase vorüber ist, weniger mit Unterstützung als mit einer gewissen Eifersucht, da sie jetzt nicht mehr der Lebensmittelpunkt sind, sondern sich alles nur noch um die Firma dreht. Das sollte Sie nicht aufhalten, Ihren Weg weiterzugehen. Versuchen Sie, berufliche und private Wünsche und Ziele bereits im Vorfeld genau abzusprechen. Bei kleinen Unternehmen, die oft noch von zu Hause aus betrieben werden, ist es enorm wichtig, Privates und Geschäftliches zu trennen, sowohl räumlich als auch bei der Zeiteinteilung.

Wie sieht es mit Ihren buchhalterischen Fähigkeiten aus? Sollten Sie hiermit wenig am Hut haben, stellen Sie eine Person ein, die diese Alltagsarbeiten für Sie erledigt. Natürlich sollten Sie sich Grundkenntnisse aneignen, denn letztendlich haben Sie die Kontrollfunktion und Verantwortung. Sollte Ihr Geschäft erfolgreich florieren, weil Sie als »Starverkäufer« alle Kunden um den Finger wickeln können, wäre es Zeit- und Geldverschwendung, wenn Sie Ihre wertvolle Arbeitszeit in diese Bürotätigkeit stecken würden. Es gilt stets abzuwägen, zu welcher Stelle die eigene Arbeitsleistung rentabler ist.

Das Gleiche gilt für die Realisierung Ihrer Umsätze. Es nützt Ihnen wenig, wenn Sie riesige Umsätze einfahren, das Eintreiben Ihrer Forderungen aber außer Acht lassen. Schon mancher Firmeninhaber hat sich aufgrund seiner Umsatzzahlen ganz weit oben gesehen. Mangels Zahlungseingängen musste er jedoch hohe Dispozinsen sowie Mahn- und Anwaltsgebühren seiner Lieferanten in Kauf nehmen und unter Umständen mit Liefersperren rechnen. Also, haben Sie keine Hemmungen, Ihre Kunden entsprechend anzumahnen. Wer gute Leistung erbringt, hat auch Anspruch auf fristgerechte Bezahlung.

Ein weiteres großes Manko stellt bei vielen, insbesondere bei kleineren Ein-Mann-Dienstleistungsbetrieben, die Selbstüberschätzung dar. Frei nach dem Motto: »Ich schaffe das schon alles allein.« Doch was ist, wenn Sie mal krank werden? Wer bedient Ihr Telefon, wenn Sie gerade einen Kundentermin wahrnehmen? Ein Kunde oder Interessent wird in der Regel nur zwei Mal bei Ihnen anrufen und der netten Stimme vom Anrufbeantworter lauschen. Der dritte Anruf gilt dann sicher Ihrem Konkurrenten. Hier wäre in jedem Fall zu überdenken, telefonische Öffnungszeiten auszuweisen und diese, wenn auch anfangs nur durch Teilzeitkräfte, zu besetzen. Die beste Werbemaßnahme wird letztendlich ins Leere laufen, wenn Sie nicht zu festen Zeiten erreichbar sind.

Ein weiterer wichtiger Faktor ist die Geschwindigkeit. In unserem ehemaligen Unternehmen wurde Ware, die am Lager war und bis 15 Uhr bei uns bestellt wurde, noch am gleichen Tag an den Kunden verschickt. Insbesondere viele Neukunden riefen am nächsten Tag an, bedankten sich und wollten auf Nummer sicher gehen, dass für die Eillieferung kein Sonderzuschlag anfallen würde. Auch für unsere Stammkunden war dieser schnelle Lieferservice ein nicht zu unterschätzendes Kaufargument.

Ein weiterer Tipp, der sich bei uns in der Praxis sehr bewährt hat, ist das sofortige Notieren von Einfällen. Bestimmt ist Ihnen das auch schon passiert: Plötzlich fällt Ihnen etwas ganz Tolles ein, eine Idee schießt Ihnen regelrecht durch den Kopf. Häufig scheitert die Umsetzung dieser Idee schon daran, dass man sie schlichtweg vergisst. Um dies zu verhindern, haben mein Mann und ich uns angewöhnt, generell einen Notizblock und einen Stift mit uns zu führen, um diese Idee gleich niederzuschreiben. Dies hat sich in der Praxis als sehr nützlich erwiesen. Mein Mann schreckte auch in Lokalen bisher nicht davor zurück, seine Ideen auf einem Bierdeckel festzuhalten, und nicht selten fanden unsere Mitarbeiter am nächsten Morgen diese beschriebenen, zweckentfremdeten Untersetzer auf ihrem Schreibtisch vor. Sicher wird es zeitgemäßer sein, kleine Notizen schnell ins iPhone einzugeben und per E-Mail oder SMS direkt zu versenden. Doch ich bevorzuge für Notizen weiterhin das Schreiben per Hand. Zum einen bin ich damit schneller, zum anderen bin ich bekannterweise kein Freund von Handys. Außerdem ist das Schreiben per Hand wichtig, denn dadurch wird ein großer Teil des Gehirns angeregt.

Nun sind wir auch schon beim wichtigsten und gleichzeitig oft am stiefmütterlichsten behandelten Punkt einiger Unternehmen angekommen: die Werbung/das Marketing. In unserer aktiven Zeit waren mein Mann und ich von vielen neuen Ideen und einem anhaltenden Erfolgsdenken geprägt. Der Marketingbereich war unser liebstes Kind! Ich verinnerlichte schnell die Devise meines Mannes: »Wer nicht wirbt, der stirbt!«

Anfangs konnte ich nicht ganz nachvollziehen, warum wir in Zeiten, in denen wir vor lauter Arbeit kaum noch Zeit zum Schlafen, geschweige denn für uns privat fanden, trotzdem jede Woche ein bis zwei Werbeaktionen an alle Kunden richteten. Ich dachte damals, dass man doch besser erst mal das laufende Tagesgeschäft in den Griff bekommen sollte, bevor man sich noch zusätzliche Aufträge heranzieht. Dass diese Einstellung falsch war, konnte ich inzwischen bei vielen anderen Unternehmern feststellen. Das Argument meines Mannes, zu allen Zeiten gute, gezielte Werbung mit interessanten Angeboten und Sonderaktionen zu fahren, leuchtete mir sehr bald ein. Die Konkurrenz schläft nicht! Es ist mit aktiver Werbung viel leichter, Absatzrückgänge aufzufangen und Kunden bei der Stange zu halten, als sie von einem Mitbewerber zurückzugewinnen. Wichtig bei der Planung jeder Werbekampagne ist, dass man die richtige Zielgruppe anspricht und Streuverluste möglichst gering hält. Wichtig: Auch Visitenkarten und Firmenfahrzeuge sind entscheidende Werbeträger für Unternehmen! Sie sind oftmals der erste Eindruck nach außen und sollten entsprechend gestaltet sein. Sprich, der Unternehmenszweck sollte von Weitem gut lesbar und durch ein aussagekräftiges Logo ergänzt sein. Diese Aushängeschilder werden nicht selten extrem vernachlässigt.

Wer glaubt, ohne Werbung auszukommen, unterliegt einem Irrglauben, der oft noch aus dem Angestelltenverhältnis resultiert. Die wenigsten Angestellten müssen sich Gedanken darüber machen, wie sie eine Zielgruppe erreichen oder ein Produkt bekannt machen. Der Regelfall sieht hier so aus, dass ein Kunde mit seinem Anliegen oder seinem Auftrag auf sie zukommt. Für Selbstständige aber gilt: Investieren Sie in Ihre Kunden! Es muss sich hierbei nicht um große Geschenke handeln. Ein kleines Werbegeschenk oder eine kostenlose Zusatzleistung reichen vollkommen aus. Ich freue mich immer wieder, wenn ich bei einem Friseurbesuch mit einer netten Geste wie einer Handmassage oder einem alkoholfreien Cocktail überrascht werde. Ich fühle mich in diesem Moment als Kunde »wahrgenommen«.

Und jetzt noch ein bewährter Praxistipp zum Ende dieses Kapitels: Gehen Sie möglichst flexibel auf die Wünsche und Ideen Ihrer Kunden ein. Frei nach dem Motto: «Geht nicht, gibt's nicht.« Auch wenn die Lösungssuche hier manchmal sehr aufwendig erscheint, so macht sie sich doch in jedem Fall bezahlt: entweder zugunsten der Kundenbindung (der Kunde wird Ihnen dankbar dafür sein, dass Sie ihn nicht einfach mit seinem Anliegen abgewimmelt haben, und auch weiterhin bei Ihnen kaufen) oder in Form einer neuen Produkt- beziehungsweise Dienstleistungsidee, die Sie dann generell in Ihr Sortiment mit aufnehmen können.

Teil 5:
Geldanlage – Hier kommt der Kopf voll zum Einsatz!

Es ist noch kein Finanzexperte vom Himmel gefallen

Es ist geschafft! Sie haben Geld auf der hohen Kante und wollen dieses möglichst gewinnbringend anlegen. Neben den unterschiedlichsten Arten der Geldanlage gibt es auch die verschiedensten Beratungsarten. Im ersten Moment, vielleicht auch aus Bequemlichkeit, denken die meisten erst einmal an ihre Hausbank. Auch wir sind diesen Weg zuerst gegangen. Allerdings haben uns die Anlagearten (natürlich will die Bank erst einmal ihre hauseigenen Produkte an den Mann bringen und der Berater vertritt in erster Linie die Interessen seines Institutes) nicht überzeugt.

Danach suchten wir einen unabhängigen Finanzberater auf. In diesem Gespräch haben wir sehr viele Erkenntnisse dazugewonnen und bekamen kostenfrei interessante Unterlagen zur Verfügung gestellt. Allerdings muss man sich auch hier entsprechend in die Materie einarbeiten, und je länger und intensiver wir das getan haben, umso mehr kamen wir zu der Feststellung, dass wir das größtenteils auch selbst managen könnten. Wir haben uns mit etlichen Finanzmarktbüchern und Journalen eingedeckt und uns entsprechend in die Thematik eingelesen. Ich denke prinzipiell, dass kein Dritter unser hart verdientes Geld so liebt wie wir selbst. Wir werden daher immer darauf achten, es zu behüten und es zu vermehren.

Anlageneulingen empfehle ich, zu Beginn einen unabhängigen Finanzberater hinzuzuziehen. Diesen kann man oft auf Empfehlung aus dem Bekanntenkreis vermittelt bekommen. Es liegen dann bereits entsprechende Erfahrungswerte vor. Und wenn man es aus zeitlichen Gründen nicht schafft, sich um die einzelnen Kapitalanlagen selbst zu kümmern, spricht nichts dagegen, die Abwicklung über diesen Berater zu tätigen. Allerdings sollte man auch hier immer seine eigene Kontrollfunktion im Auge behalten.

Jedoch aufgepasst! Finger weg von sogenannten Anlagehaien und ihren Werbeaktionen. Insbesondere am Telefon haben Sie kaum eine Chance, diesen oft fachlich weniger versierten, dafür rhetorisch sehr gut geschulten »Aufreißern« zu entkommen. Sie versprechen Ihnen in der Regel eine unrealistisch hohe Rendite und das in kürzester Zeit. Für eine sichere Geldanlage werden Sie jedoch niemals den höchsten Zinssatz erzielen, denn die Rendite wächst mit dem Risiko. Bereits nach kurzer Einarbeitung in die Materie werden Sie für diese Geschäftspraktiken nur noch ein müdes Lächeln übrig haben.

Auch ich habe meine Erfahrung mit einem solchen unseriösen Vermittler gemacht. Sage und schreibe drei Mal erhielt ich vor einigen Jahren in unserer Firma ungebetene Anrufe eines solchen Unternehmens, in dem uns immer wieder ein Termingeschäft aus dem Sektor Fischfang mit einer unseriös hohen Rendite angeboten wurde. Erst als ich der netten Dame beim dritten Anruf mitteilte, dass ich Fisch hassen würde und auch keine hohe Rendite bräuchte, da ich schon jetzt nicht mehr wüsste, wohin mit meinem ganzen Geld, war sie mit ihrer Rhetorik am Ende und ich hatte meine Ruhe. Meine Erfahrung hat gezeigt, dass seriöse Finanzdienstleister einen nicht mit ungebetenen Anrufen dieser Art behelligen. Anzeigen dieser korrekt arbeitenden Unternehmen finden Sie in der Tagespresse oder in entsprechenden Wirtschaftsjournalen.

Besonders wichtig ist es, sein Kapital zu streuen und nicht alles auf eine Karte zu setzen. Egal ob Sie sich für Aktien, Aktienfonds, Festgeldkonten, Gold, Immobilien oder was auch immer entscheiden: Die richtige Mischung macht es aus.

Vorab sollten Sie anhand der durch Banker und Online-Broker festgelegten Risikoklassen (Einschätzung der Risikobereitschaft einer Person, die ihr Geld in eine Kapitalanlage investiert) unter Berücksichtigung Ihrer eigenen Risikobereitschaft und Ihrer bisherigen Anlageerfahrung die für Sie am besten geeignete Anlageform wählen. Eine gängige Aufteilung dieser Klassen könnte wie folgt aussehen (eine genaue Festlegung gibt es hierfür nicht):

- Risikoklasse 1: Festgeld, Tagesgeld, Spareinlagen
- Risikoklasse 2: festverzinsliche Wertpapiere, Anleihen mit guter Bonität, Rentenfonds in Europa
- Risikoklasse 3: Mischfonds, Aktien und Aktienfonds mit europäischen Standardwerten

■ Risikoklasse 4: Währungsanleihen mittlerer Bonität, Aktien und Aktienfonds mit europäischen Nebenwerten
■ Risikoklasse 5: Spekulative Anleihen, Optionsscheine, Optionen

Wir persönlich haben für uns drei Arten der Anlage gewählt, die ich in den nachstehenden Kapiteln entsprechend erläutern werde. Da jede Anlageart für sich sehr umfassend und aufwendig ist, bitte ich um Verständnis, dass es sich dabei natürlich jeweils nur um eine kurze Zusammenfassung der eigentlichen Thematik handelt. Aber ich denke, dass man so schon im Vorfeld einige Strategien für sich davon ableiten beziehungsweise ausschließen kann.

Tagesgeld und Festgeld:
Der sichere Einstieg, um Kapital anzusparen

Die erste, wenig spektakuläre Geldanlage, die wir vornahmen, waren Einlagen auf dem Tagesgeld- und dem Festgeldkonto. Beim Festgeldkonto gibt es in der Regel mehr Zinsen. Eine Möglichkeit, vor Ablauf der Frist an das Geld heranzukommen, gibt es jedoch meist nur gegen Zahlung von Vorfälligkeitszinsen. Beim Tagesgeld haben Sie jederzeit Zugriffsmöglichkeit und keine festen Laufzeiten, sprich: Sie sind flexibler. Beide Konten sind verzinste Guthabenkonten, das heißt, im Gegensatz zu einem Girokonto können Sie keinen Dispositionskredit erhalten (wollen wir nach diesem Buch ja auch nicht mehr, oder?).

Wenn Sie sich für eine dieser Möglichkeiten entscheiden, müssen Sie nur noch eine geeignete Bank auswählen. Wichtig ist dabei beim Festgeld neben dem Zinssatz die Laufzeit. Erkundigen Sie sich außerdem, ob und in welcher Höhe die Bank abgesichert ist (Einlagensicherungsfond), falls die Bank zahlungsunfähig wird, insbesondere bei Banken, die ihren Hauptsitz im Ausland haben. Das ist in der heutigen Zeit sehr wichtig, da auch vermehrt Banken Konkurs anmelden. Die Einlagen von Privatkunden sind in Deutschland zu 100 Prozent durch das Einlagensicherungs- und Anlegerentschädigungsgesetz (EAEG) gesichert, und zwar bis zu 100 000 Euro je Kunde und Institut. Die Sicherung umfasst die Sichteinlagen auf Girokonten und Festgeldkonten, Termingelder, Sparbücher und Sparbriefe, nicht hingegen selten gehandelte Produkte wie Inhaberschuldverschreibungen und Inhabereinlagenzertifikate.

Auch nach der Anlage sollte man immer die aktuellen Zinssätze vergleichen und das Geld regelmäßig umschichten. Viele Banken locken die Anleger, insbesondere beim Tagesgeld, mit einem lukrativen Einstiegszinssatz, der nach kürzester Zeit wieder fällt. Viele Kunden drehen daher den Spieß um und nutzen das Tagesgeld-Hopping: geplantes und regelmäßiges Wechseln der Tagesgeldbanken, um regelmäßig als Neukunde in den Genuss besonders attraktiver Angebote zu kommen. Die Kunden hüpfen mit ihrem Anlagebetrag von Bank zu Bank. Neukundenangebote beinhalten häufig Bonuszinsen, Startguthaben oder auch mal Tankgutscheine, Altkunden hingegen gehen bei diesen Aktionen meist leer aus. Dank Internet und Fachzeitschriften ist es ein Leichtes, in diesem Bereich up to date zu sein, also tagesaktuell Vergleiche vorzunehmen, um durch Hopping dauerhaft eine höhere Rendite zu erzielen. Ich gebe zu, eine etwas aufwendige Variante.

Immer wieder habe ich in der Vergangenheit mitbekommen, dass viele diese Anlageform scheuen, da ihr Angespartes ja nicht so hoch sei und sie lieber auf das altbewährte Sparbuch zurückgreifen. Bitte unterliegen Sie nicht diesem Irrglauben. Festgeldkonten und insbesondere Tagesgeldkonten können bereits mit geringen Einlagen eröffnet werden und die Rendite wird Ihnen gegenüber der herkömmlichen Sparbuchvariante (hier liegt der aktuelle Zinssatz unter der Inflationsrate) recht geben!

Sollten Sie später oder gleichzeitig eine andere, spekulativere Art der Geldanlage wählen, würde ich die Tagesgeldanlage in jedem Fall mit circa 10 Prozent Ihres Gesamtkapitals beibehalten und mit einer monatlich festgelegten Sparrate weiter füttern. So bauen Sie sich nach und nach eine sichere Rücklage auf und können in Zeiten eines Engpasses in der einen oder anderen Anlageform geduldig auf bessere Zeiten warten. Alternativ können Sie die Chance nutzen, mit einem Teil der Rücklagen Aktien zu kaufen, zu einem Zeitpunkt, wenn diese weit unter Wert gehandelt werden.

Das spekulative Aktiengeschäft

Die zweite von uns gewählte, spekulativere Form ist das Aktiengeschäft (Aktien sind Wertpapiere, die Anteile an einem Unternehmen darstellen). Ich beschäftige mich hiermit seit circa zwei bis drei Jahren. Wichtig ist, sich entsprechend in die Materie einzuarbeiten und die ersten praktischen

Schritte in diesem Bereich nur mit Zusatzeinnahmen, auf die man in absehbarer Zeit nicht angewiesen ist, durchzuführen. Es drohen möglicherweise größte Verluste in diesem Bereich, wenn man Aktien zu einem ungünstigen Zeitpunkt veräußern muss, nur weil man mal eben das Geld benötigt.

Ebenso würde ich abraten, Aktien auf Kredit zu kaufen. Die Gefahr, dass die Aktienwerte sinken und man eine länger anhaltende Erholungsphase überbrücken muss, stufe ich als relativ hoch ein. Drücken mich aber in diesem Fall die Zinsen meines hierfür aufgenommenen Kredites und habe ich nicht die Zeit abzuwarten, werde ich die Aktien mit einem oft erheblichen Verlust verkaufen müssen. Diese Taktik hat schon so manch einen in den Ruin getrieben und widerspricht meinem obersten Leitsatz: »Nerven bewahren und aussitzen!« Viele Aktien, die in den Keller gehen, stehen schon nach einigen Wochen wieder im Plus. Diese spekulative Art der Geldanlage erzielt auch noch heute mit die größte, wenn auch nicht die sicherste Rendite.

In meinem Bekanntenkreis bekomme ich immer wieder mit, dass viele vor dem Aktienmarkt einen enormen Respekt haben und diesen Bereich lieber den Profis überlassen. Wenn sie dann doch ihr Geld in diesen Bereich investieren, erfolgt dies in der Regel über ihre Hausbank, bei der sie dann noch unnötigerweise Depotgebühren zahlen. Wichtig ist daher bereits im Anfangsstadium die Auswahl und der Vergleich der Banken und ihrer Konditionen. Häufig werden zwar die Aktiendepots kostenlos geführt, entscheidend ist jedoch, welche Gebühren für die einzelnen Transaktionen anfallen. Sie beeinflussen wieder die Rendite.

Natürlich kann nicht jeder von heute auf morgen sein eigenes Depot eröffnen und dann gleich zum Profi werden. Die leidenschaftliche Einarbeitung in diesen Bereich macht jedoch Spaß, ganz besonders, wenn sie mit Erfolg gekrönt ist. Zur entsprechenden Einarbeitung in die Fachlektüre empfehle ich, vorwiegend auf Aktien spezialisierte Wirtschaftsjournale zu verwenden, die in jedem gut sortierten Zeitschriftengeschäft erhältlich sind. Darüber hinaus ist die Aneignung von Fachausdrücken unbedingt erforderlich. Hier leistet ein Börsenlexikon noch gute Dienste. So ausgerüstet wagte auch ich meine ersten Schritte auf den Aktienmarkt.

Wer anfangs das Risiko des Geldverlustes noch scheut, kann zum Einstieg auch auf online geführte Musterdepots zurückgreifen. Hier kann man seine virtuellen Aktienkäufe verfolgen und analysieren, um ein Gefühl für die Sache zu bekommen. Insbesondere das virtuelle Setzen von Kurslimits ist für Neueinsteiger anzuraten, da ohne Verlust möglich. Man bekommt hier nach und nach ein Gefühl für die Kurse (Preise, zu denen die Aktien an der Börse gehandelt werden) und ihre Entwicklungsmöglichkeiten. Natürlich sagt die Höhe des aktuellen Kurses noch nicht aus, ob diese Aktie nun gerade billig oder teuer ist. So kann eine Aktie zu einem Kurs von 0,30 Euro vollständig überteuert sein, während eine andere Aktie zum Kurs von 300 Euro noch immer äußerst preiswert sein kann.

Anfänger sollten bei ihren ersten Käufen, bis sie selbst ein Gefühl für den Markt entwickelt haben, die Analystenmeinungen von professionellen, entsprechend ausgebildeten Finanzanalysten oder auch Finanzjournalisten in ihre Entscheidung (kaufen/halten/verkaufen) mit einfließen lassen. Diese finden Sie unter anderem auf diversen Finanzplattformen, unter den Finanznachrichten Ihrer das Depot führenden Bank im Internet und in den diversen Fachjournalen. Die Berücksichtigung einiger dieser Analysen hat mich anfangs häufig vor Fehlkäufen bewahrt.

Meine ersten Gehversuche in der Praxis unternahm ich durch die Eröffnung eines eigenen online geführten Wertpapierdepots (nur wer über ein solches oder ein bei der Hausbank geführtes Wertpapierdepot verfügt, kann selbstständig am Wertpapierhandel teilnehmen und Aktien an- und verkaufen). Meine Einlage bestand aus knapp 1000 Euro. Ich investierte damals 820 Euro in die Aktien eines namhaften, weltweit tätigen deutschen Ernährungskonzerns und verfolgte täglich voller Spannung den aktuellen Aktienkurs anhand einer hinterlegten persönlichen Watchliste. (Ich habe in diese mein reales Depot eingefügt und kann sowohl die Echtzeitkurse an den einzelnen Börsenplätzen als auch die hinterlegten Unternehmensinformationen abrufen.) Nach nur einem Monat verkaufte ich diese Aktien und erzielte einen Gewinn nach Steuern von 70,70 Euro (relativer Kursgewinn 8,62 Prozent / effektiver Jahreszins 103,46 Prozent). Der Vergleich mit unseren Tagesgeldzinsen sorgte dafür, dass meine Leidenschaft nun endgültig geweckt war!

Steuerlich ist das Aktiengeschäft relativ leicht zu handhaben, da die anfallende Steuer direkt einbehalten wird und auf der Abrechnung ausgewiesen ist. Das bedeutet, dass die Bank automatisch bei jedem Verkauf von jedem Gewinn 25 Prozent Abgeltungssteuer zuzüglich 5,5 Prozent Solidaritätszuschlag (ergibt einen Steuersatz von 26,375 Prozent) und eventuell Kirchensteuer einbehält und an das Finanzamt abführt.

Allerdings kann ich nur jedem davon abraten, dieses Geschäft aus Spaß oder als Zockerei zu betreiben! Auch mein Mann probierte sich vor vielen Jahren im Aktiengeschäft mit dem Kauf von Aktien eines Unternehmens, ohne sich über dieses vorab genau informiert zu haben. Er ist vielmehr, wie viele andere vormals nicht am Aktienmarkt aktive Neuanleger, durch den von umfangreichen Werbemaßnahmen begleiteten Börsengang der Deutschen Telekom dem Aktienboom aufgesessen.

Es dauerte nicht lange – ein Tag nach Kauf –, bis er etwas »beträppelt« vor mir stand (zu diesem Zeitpunkt war mein Wissen hinsichtlich Aktien gleich null) und mir beichtete, dass er die Aktien mit einem enormen Verlust verkauft hatte. Hintergrund war, dass der komplette Vorstand des Unternehmens in den Knast gewandert und die Aktien sintflutartig in den Keller gefallen waren. Mein Mann behauptet noch heute, dass das Ganze ein reines Glücksspiel sei. Sicher hat er mit dieser Aussage nicht ganz unrecht. Allerdings habe ich bei einem reinen Glücksspiel kaum Chancen, das Ergebnis zu beeinflussen, da dieses fast ausschließlich durch den Faktor Zufall bestimmt wird. Das sehe ich im Aktiengeschäft, insbesondere wenn man sich mit den Unternehmen vorab genau befasst, anders.

Bei meinen weiteren Aktivitäten führte ich in meiner persönlichen Testphase sehr viele An- und Verkäufe mit einem geringen Aktienwert und teils auch mit einer relativ kleinen Gewinnspanne durch, nur um ein Gefühl für das Handling zu bekommen. Danach analysierte ich genauestens sowohl den Grund für die Aktieneinbrüche als auch die Gewinne. Hierbei habe ich für mich unter anderem festgestellt, dass ich den Fehler gemacht habe, Aktien, die sich bereits seit einiger Zeit im Aufwärtstrend befanden, zu einem Zeitpunkt zu kaufen, als deren Kurs weiter, aber in einem extremen Tempo, nach oben schnellte. Dies war in meinen Fällen jeweils nur ein ganz kurzfristiges Aufbäumen, bevor der Kurs dann rapide nach unten fiel. Inzwischen denke ich, dass die Ursache hierfür häufig der Späteinstieg von Aktienkäufern ist, die erst durch Publizierung in den Medien auf diese Aktie und deren Kursanstieg aufmerksam gemacht wurden. Es kommt daraufhin zu Massenkäufen, die für einen extremen Kursanstieg sorgen, während erfahrene Börsianer ihre Chance als gekommen sehen und die vorab zu einem niedrigen Kurswert gekauften Aktien auf den Markt werfen und mit satten Gewinnen veräußern.

Hieraus habe ich für mein aktuelles Kauf- und Verkaufsverhalten abgeleitet, dass ich vorwiegend Aktien kaufe, deren Kurswert kräftig gesunken ist und die zum Zeitpunkt des Kaufs wieder kontinuierlich anfangen zu steigen. Beim Verkauf gebe ich mich dann aber mit einem von mir vorab festgelegten Zielgewinn zufrieden, ohne hier auf höhere (wenn auch durchaus mögliche) Gewinne zu spekulieren. Zusätzlich sichere ich einige meiner Aktienverkäufe mit einem Stoppkurs (in der Regel 15 bis 20 Prozent unter dem Kaufpreis) ab, um größere Verluste zu vermeiden.

Auch wenn es mit einem erheblichen Zeitaufwand verbunden ist, analysiere ich weiterhin regelmäßig sämtliche Transaktionen, die ich durchgeführt habe. Ganz einfach, um aus einigen Erfahrungen zu lernen und dies auf künftige Geschäfte zu übertragen. Natürlich ist dies nur bedingt möglich, weil hier kein Kauf oder Verkauf einem anderen gleichzusetzen ist. Vor jedem Aktienkauf informiere ich mich jedoch eingehend über das jeweiligen Unternehmen und beziehe insbesondere die Wertentwicklung der Aktie über einen Zeitraum von bis zu fünf Jahren mit ein. Die aktuellen Nachrichten und Schlagzeilen der Tagespresse reichen hier nicht aus, zumal diese Informationen immer dem aktuellen Aktienmarkt hinterherhinken und sich in der Regel schon in dem aktuellen Börsenwert der Aktie widerspiegeln.

Hilfreich war für mich in der Anfangszeit auch der Erfahrungsaustausch mit anderen Börseninteressierten. Leider trifft man diese nur selten, wenn man sich nicht sogenannten Börsenclubs oder Börsenstammtischen anschließt. Ich hatte das Glück, in meiner Schwägerin eine Gleichgesinnte gefunden zu haben. Ihre Erfahrungen, die sie bereits lange vor mir am Aktienmarkt gesammelt hatte, und einige daraus resultierende Tipps haben mir in meiner Startzeit sehr weitergeholfen.

Nach und nach habe ich alle Beträge, die zum Monatsende »übrig« waren, und sämtliche zusätzlichen Geldeinnahmen in mein Depot einfließen lassen. Doch je mehr Aktien sich zeitweise in meinem Depot befanden, umso mehr galt und gilt noch heute mein Grundsatz: »Nerven bewahren!«

Heute entnehme ich die Hälfte der Gewinne aus Aktienverkäufen, um hiervon unsere Sonder-Luxusausgaben in Form von Reisen oder neuen Möbeln zu bestreiten. Den Grundsatz, »übriges« Geld wieder in das Depot als Einlage einfließen zu lassen, habe ich jedoch beibehalten. Das bedeutet aber nicht, dass ich dieses Geld oder Gutschriften aus Aktienverkäufen direkt wieder in Aktien anlege. Es gibt durchaus Zeiten, in denen es sich lohnt, das Geld als Rücklage auf dem Tagesgeldkonto zu führen, um dann flüssig zu sein, wenn die Kaufkurse günstig sind.

Durch dieses Prinzip habe ich meinen Depotwert nach und nach erhöht und gleichzeitig verfüge ich über regelmäßige, wenn auch unkalkulierbare Zusatzeinnahmen. Man muss bei Aktiengeschäften jedoch unbedingt berücksichtigen, dass es sich um kein zuverlässiges Zusatzeinkommen handelt. Sie können monatelang keine Gewinne erzielen und dann wiederum in einem Monat mehr als im ganzen Jahr zuvor.

Ich habe von den Gewinnen meines zweiten Börsenjahres meine Eltern und Schwiegereltern mit uns zusammen auf eine kleine Kreuzfahrt eingeladen und war stolz wie Oskar über diesen somit nicht nur in Zahlen sichtbaren Erfolg. Außerdem hat es mein Selbstbewusstsein enorm gestärkt, da mein »Hobby« zu dieser Zeit noch von vielen belächelt wurde.

Auch heute bin ich noch lange kein Profi auf diesem Gebiet. Doch ich bin froh, dass ich nicht von Anfang an auf viele meiner Mitmenschen gehört habe, die mir von dieser Anlageform dringlichst abgeraten haben (»Du hast doch keine Ahnung von diesem Gebiet, das ist doch viel zu risikoreich, du verzockst dein ganzes Geld« und so weiter). Natürlich unterlaufen mir auch heute noch viele Fehleinschätzungen. Im Gegenzug machen die Glücksgefühle über die Erfolge alle Ärgernisse über Fehler wieder wett.

Insbesondere bei dieser Anlageform gilt: Es ist sehr zeitaufwendig. Ich investiere hier als Minimum täglich eine Stunde, um mein Depot zu verwalten und mit Börsennachrichten und der Lektüre von Fachzeitschriften und -büchern auf dem neuesten Stand zu sein. Letztendlich ist mein Depotwert zwar innerhalb der letzten Jahre angestiegen, die Anzahl der einzelnen im Depot befindlichen Aktien jedoch gesunken. Ich gehe das Ganze ruhiger und mit mehr Gelassenheit an und verzichte auf ein ständiges Umschichten meiner Aktien.

Auch ich habe in den letzten Jahren einige wenige Aktien mit Minus verkauft, wenn ich auch nach langer Zeit keine Verbesserung feststellen konnte und nicht mehr an die Aktie geglaubt habe. Zum Teil aufgrund der wirtschaftlichen Nachrichten bezüglich des entsprechenden Unternehmens, teils aus meinem Bauchgefühl heraus (jetzt spätestens wird jeder Börsianer die Hände über dem Kopf zusammenschlagen!). In wenigen Fällen hatte ich das Glück, dass es sich um Dividenden (ausgezahlte Gewinnbeteiligungen) ausschüttende Aktiengesellschaften handelte und ich im Vorfeld schon ein- bis zweimal in den Genuss dieser jährlichen Zahlungen gekommen war.

Insbesondere diese Anlageform habe ich nur oberflächlich angesprochen, da das Thema einfach zu umfangreich ist, um hier einen kompletten Ablauf in Kurzform darzustellen. Ich habe auch bewusst darauf verzichtet, Sie mit Fachausdrücken zu überhäufen, um Ihnen die Angst vor dem Einstieg zu nehmen. Auf dem Markt gibt es jedoch auch für Neueinsteiger eine Vielzahl guter Fachlektüren.

Ich selbst bin vor Jahren beim zufälligen Durchblättern der Wirtschaftszeitschrift »Focus Money« überhaupt erst auf die Idee gekommen, mich mit dem Thema Aktien zu befassen. Insbesondere weil ich hierdurch zum ersten Mal realisiert habe, dass Aktien nicht nur etwas für Profis auf diesem Gebiet sind. Da man mit ihrer Hilfe auch hinsichtlich anderer Geldanlagen auf dem neuesten Stand bleibt, ist diese Zeitschrift, neben einigen anderen, zu meiner wöchentlichen Pflichtlektüre geworden.

Zum Abschluss kann ich Ihnen nur raten, sich anhand eines Musterdepots einfach mal auszuprobieren. Und wer weiß, vielleicht ist ja gerade der Aktienmarkt, als Hobby und zur Kapitalanlage, genau die Anlageform, nach der Sie immer gesucht haben.

Wertanlage Immobilie

Für uns persönlich haben wir als dritte Anlageform das Investment Immobilie gewählt. Hierbei sollte man unbedingt berücksichtigen, dass diese Anlageform viele Nerven kostet. Die »Zusammenarbeit« mit Mietern verschiedenster Altersklassen und unterschiedlicher sozialer Gruppierungen erfordert viel Fingerspitzengefühl. Aber: Der Mieter bringt Ihnen Geld. Lieben Sie Ihr Geld!

Nachdem ich vor über 20 Jahren eine Ausbildung zur Immobilienkauffrau absolviert habe, wusste ich, was in diesem Bereich auf einen zukommt. Lediglich dem Drängen meines Mannes sowie der Aus- und Weiterbildung seinerseits in dieser Sparte ist es zu verdanken, dass wir diese Anlageform gewählt haben, um uns auch im Alter regelmäßige und relativ kalkulierbare Einnahmen zu ermöglichen. Auch hier ist es unbedingt erforderlich, unentwegt Zeit und Arbeit zu investieren und durch Fachliteratur up to date zu bleiben.

Die Investition Immobilie ist eine relativ sichere und beständige Geldanlage. Doch man sollte beim Kauf bereits bedenken, dass es sich hierbei in der Regel um eine langfristige und zeitaufwendige Anlageform handelt. In erster Linie geht es darum, eine Immobilie so lange wie möglich zu erhalten und durch eine optimale Verwaltung und Bewirtschaftung attraktive Gewinne zu erzielen.

Der extreme Zeitaufwand beginnt bereits vor Abschluss des Kaufvertrages. Das dauerhafte Studieren von Angeboten und die Wahrnehmung etlicher Besichtigungstermine sind hierbei noch der geringste Faktor. Vielmehr ist auch bei dieser Entscheidung die genaue Planung und Kalkulation im Vorfeld das A und O.

Entscheidend für den Erwerb einer Immobilie ist häufig das Zinsniveau. Ist dieses relativ niedrig, können Sie zu günstigen Konditionen ein Baudarlehen in Anspruch nehmen. Sollten Sie das Geld bereits vollständig auf der hohen Kante liegen haben und erhalten Sie in dieser Zeit nur geringe Guthabenzinsen, können Sie durch Mieteinnahmen in der Regel eine höhere Rendite erzielen.

Eine einfache diesbezügliche Rentabilitätsberechnung, um anhand der Vielzahl von Angeboten auf dem Markt eine Vorabauswahl zu treffen, bietet folgende Formel:

$$\frac{\text{Jahresnettokaltmiete x 100}}{\text{Kaufpreis}}$$

Hiermit ermitteln Sie die aktuelle jährliche Bruttomietrendite in Prozentpunkten. Es handelt sich hierbei, wie bereits erwähnt, um eine einfache Berechnung, die bei der Vorauswahl hilft. Später muss sie bei genauer Kalkulation der Nettorendite natürlich noch um die Erwerbsnebenkosten sowie die Verwaltungs- und Instandhaltungskosten ergänzt werden. Sofern vorab eine größere Investition erforderlich ist, um das Objekt überhaupt vermieten zu können, sollten diese Kosten bei der Berechnung bereits in den Kaufpreis mit einfließen. Die ermittelte Bruttomietrendite sollte in jedem Fall größer als 8 Prozent sein. Gegebenenfalls können Sie dies durch eine Senkung des Kaufpreises erzielen.

Beim direkten Renditevergleich mit anderen Anlageformen sollten Sie zusätzlich die Rendite nach Steuern (bei Einkünften aus Vermietung wird hier Ihr persönlicher Steuersatz zugrunde gelegt) berücksichtigen. Beim Erwerb einer Immobilie haben Sie aus steuerlicher Sicht nicht nur die Abschreibungsmöglichkeit auf den Kaufpreis des Objektes (ohne die Grundstückskosten, auf dem die Immobilie steht), sondern können zusätzlich noch »Verluste aus Vermietung und Verpachtung« steuerlich geltend machen, die Ihnen aus den laufenden Nebenkosten entstehen. Dabei werden die Mieteinnahmen mit den Ausgaben für das Objekt verrechnet – zum Beispiel mit den Kosten für die Finanzierung (nur Darlehenszinsen ohne Tilgung), Instandhaltungsarbeiten (in bestimmter Höhe) und Kosten für die Gebäudeversicherungen. Bleibt bei dieser Rechnung ein Verlust stehen, wirkt sich auch dieser steuersenkend aus.

Finanzierungsargumente von Maklern und Bankberatern lassen oft falsche Schlüsse zu. So hört man häufig: »Das Objekt trägt sich auch bei Vollfinanzierung allein durch die Mieteinnahmen.« Doch hier müssten schon sehr viele Faktoren von einem normalen Kaufabschluss abweichen. Zum einen müsste man die Immobilie weit unter Wert kaufen, die laufenden Mieteinnahmen müssten dauerhaft gesichert sein (was fast unmöglich ist, da es immer wieder zu Leerstand oder sonstigen Mietausfällen kommen kann) und es dürften keine Investitionskosten anfallen. Selbst wenn sich im günstigsten Fall die Zinsbelastungen mit den Mieteinnahmen decken würden, kann man hier nicht von einem steuerlichen Vorteil sprechen, nur weil man die Zinsaufwendungen steuerlich geltend machen kann. Denn auch die Mieteinnahmen müssen versteuert werden, und die sonstigen Erwerbskosten (beispielsweise Notar) und die zu bildenden Rücklagen, die Instandhaltungskosten und sonstigen nicht umlagefähigen Kosten müssen ebenfalls in diese Kalkulation mit einfließen. Eine seriöse Finanzierung sollte daher nicht über 80 Prozent der Kaufpreissumme liegen.

Sobald Sie mit all diesen Informationen die mögliche Kaufpreissumme für sich ermittelt haben, können Sie mit der Suche beginnen. Hierbei sollten Sie immer versuchen, den Kostenfaktor Maklercourtage zu vermeiden. Es gibt inzwischen einige Internetportale (zum Beispiel www.null-provision. de), die ausschließlich Objekte von privaten Verkäufern gelistet haben. Weiterhin findet man auch in der Tageszeitung noch häufig Angebote von privaten Anbietern. Ebenso kann man, insbesondere in ländlichen Gebieten, noch auf die Mund-zu-Mund-Propaganda zurückgreifen. Ein weiterer Tipp für die Objektsuche: Gebrauchtimmobilien sind meistens günstiger als Neubauten. Die anfangs höheren Mieteinnahmen bei Neubauten rechnen sich langfristig gesehen nicht.

Achten Sie bei der Besichtigung darauf, dass Sie sich nicht durch Ihr

Bauchgefühl leiten lassen. Die hier anstehende Entscheidung, insbesondere da Sie nicht vorhaben, selbst in dem Objekt zu wohnen, sollte möglichst emotionslos und rein aufgrund von Fakten erfolgen. Notieren Sie bei dem Termin alle Fragen, die nicht direkt geklärt werden können, und achten Sie auf das bestehende Mieterklientel (es nützt Ihnen wenig, wenn die Mieten zwar regelmäßig überwiesen werden, das Miethaus jedoch durch Lärm, Dreck oder üble Gerüche im Treppenhaus jeden künftigen Mietinteressenten von einer Anmietung abschreckt). Neben der Lage und der Größe des Objekts ist ein weiterer wichtiger Punkt, dass die Infrastruktur (Schule, Kindergarten, Verkehrsanbindung, Ärzte) einen Mietanreiz für künftige Mieter bietet.

Und ganz wichtig: Notieren Sie alle Investitionen, die Sie kurzfristig oder in absehbarer Zeit in das Objekt einbringen müssen. Insbesondere bei älteren Immobilien und/oder bereits erkennbaren Mängeln würde ich in jedem Fall einen Gutachter zu Rate ziehen, um spätere unliebsame Überraschungen zu vermeiden.

Sollte es sich bei dem Kaufobjekt um eine Eigentumswohnung handeln, bedenken Sie bitte, dass Sie hier mit dem Erwerb gleichzeitig Mitglied dieser Gemeinschaft werden – und das mit allen Rechten und Pflichten. Sie sollten sich daher Kopien der letzten Eigentümerversammlungen vorlegen lassen (insbesondere um festzustellen, welche Investitionen hier geplant sind) und einen Nachweis bezüglich der aktuellen Instandhaltungsrücklage anfordern. Eine Kopie der Teilungserklärung sollte ebenfalls vorgelegt werden.

Nach erfolgreicher Besichtigung sollte man sich in jedem Fall eine schriftliche Aufstellung über alle Mieter, deren monatliche Mietzahlungen (aufgeschlüsselt nach Grundmiete und Betriebskosten), die bisherigen Mietvertragslaufzeiten, eventuelle Mietrückstände und Leerstände sowie die geleisteten Kautionszahlungen zur Verfügung stellen lassen. Böse Überraschungen können so vermieden werden.

Nach Vorlage dieser Unterlagen können Sie anhand der Kaufpreisvorstellung des Verkäufers, den sonstigen Erwerbsnebenkosten, den noch erforderlichen Investitionen sowie der Kreditzinsen eine vorläufige Renditeplanung erstellen.

Die Aussicht auf mögliche Mieterhöhungen sollte nur bedingt in diese Kalkulationsgrundlage einfließen, da diese anhand der aktuellen Rechtsgrundlagen nicht immer so leicht und kurzfristig durchsetzbar sind (Mietspiegel, Vergleichsmiete). Einen Vorteil bieten in der Regel leerstehende

Immobilien, da Sie hier die Möglichkeit haben, den Mietpreis weitestgehend selbst zu bestimmen (sofern Sie unter der Mietwuchergrenze bleiben). Allerdings sollten Sie auch hierbei die Kosten (Anzeigenschaltung) und die Arbeitszeit (Telefonate, Besichtigungstermine) berücksichtigen.

Liegt das vorläufige Gesamtergebnis Ihrer Renditeberechnung beim banküblichen Zinssatz für langfristige Geldanlagen oder sogar noch darunter, so möchte ich Ihnen von einem Kauf abraten. Liegt der bankübliche Zinssatz darunter, können Sie jetzt zu den konkreten Finanzierungsvorbereitungen übergehen. Hierfür ist es ebenfalls wichtig, sich über verschiedene Anbieter Finanzierungsangebote einzuholen und gegebenenfalls über die Hausbank ein zinsgünstigeres KfW-Darlehen zu beantragen beziehungsweise dieses mit in die Finanzierung einfließen zu lassen. Es spielt bei vielen KfW-Programmen keine Rolle, ob das Haus vom Eigentümer selbst genutzt oder die Immobilie vermietet wird.

Ein weiterer entscheidender Faktor ist die Zinsbindung. Wenn Sie sich, insbesondere in Zeiten eines niedrigen Zinsniveaus, Zinsspekulationen ersparen möchten, zurren Sie die Konditionen über einen längeren Zeitraum fest. Der Zinsaufschlag für 20 Jahre ist zwar höher (aktuell circa 0,75 Prozent) als bei einer zehnjährigen Festlegung. Allerdings haben Sie als Darlehensnehmer nach zehn Jahren, gemäß § 489 BGB, ein Sonderkündigungsrecht. Sollten die Zinsen am Markt nach zehn Jahren tatsächlich weiter gesunken sein, können Sie somit ein neues Darlehen mit den besseren Konditionen abschließen. Andernfalls können Sie sich weiterhin über einen bereits bestehenden günstigen Zinssatz freuen und das Darlehen unverändert weiterlaufen lassen.

Wichtig ist es, bereits im Vorfeld ein gesundes Selbstbewusstsein verbunden mit entsprechendem Durchsetzungsvermögen an den Tag zu legen. Es fängt beim Verkäufer beziehungsweise Makler an und hört beim Bankberater oder den Behörden und Handwerkern auf. Wenn Sie Unsicherheit zeigen und zu allem Ja und Amen sagen, können Sie schnell über den Tisch gezogen werden. Sie zahlen letztendlich mehr, als nötig wäre. Vertreten Sie energisch Ihre Interessen und »schachern« Sie um jeden Euro! Bedenken Sie immer, dass es kaum ein Angebot gibt, das nicht verhandelbar ist.

Natürlich sollten sämtliche Vereinbarungen immer schriftlich dokumentiert und unterzeichnet werden. Sollte es zu einem Rechtsstreit kommen, so nützt es Ihnen wenig, eine mündliche Zusage aufzuführen. Handeln Sie nach dem Motto: »Wer schreibt, der bleibt!«

Damit kommen wir zur eigentlichen Kaufabwicklung. Sind sich Käufer und Verkäufer in Bezug auf die Höhe des Kaufpreises, den Übergabezeitpunkt beziehungsweise den Lasten- und Nutzenübergang sowie die Kaufpreisfälligkeit einig, werden alle für den Kaufvertrag relevanten Daten an den Notar übermittelt. Dieser wird in der Regel vom Immobilienkäufer bestimmt. Der Notar wird daraufhin Einsicht in das Grundbuch nehmen, einen Kaufvertragsentwurf erarbeiten und diesen an den Immobilienkäufer und den Immobilienverkäufer übermitteln. Der Entwurf sollte beiden Parteien frühzeitig zugehen, damit diese noch vor dem Beurkundungstermin hinreichend Zeit haben, den Vertrag zu prüfen und eventuelle Unklarheiten abzustimmen oder Änderungen vorzunehmen.

Erst wenn die damit verbundenen Formalitäten komplett abgeschlossen sind (dies kann erfahrungsgemäß ein bis zwei Monate in Anspruch nehmen), Sie die Zahlung geleistet haben und die Umschreibung im Grundbuch vollzogen ist, sind Sie Eigentümer der Immobilie.

Bereits im Vorfeld sollten Sie entschieden haben, ob Sie die Hausverwaltung inklusive Betriebskostenabrechnung selbst übernehmen oder an eine professionelle Hausverwaltung übergeben wollen. In einer bestehenden Eigentümergemeinschaft entfällt dieser Punkt, da hier in der Regel bereits eine Hausverwaltung beauftragt ist. Bei eigener Verwaltung erfordert dies vorab einige Einarbeitungszeit, hauptsächlich in das Mietrecht. Hier würde ich in jedem Fall einen Tageslehrgang »Hausverwaltung« besuchen und/oder mir insbesondere für die Betriebskostenabrechnung eine Hausverwaltungssoftware kaufen. Es ist ganz wichtig, mit den neuesten Gesetzen und Grundlagen vertraut zu sein, um die bestmögliche Rendite aus dem Objekt zu ziehen.

Wenn Sie sich, vielleicht auch aus Zeitgründen, dazu entschließen, eine Hausverwaltung in Anspruch zu nehmen, sollten Ihnen zumindest die Grundlagen der Hausverwaltung und des Mietrechts bekannt sein, um eine Kontrollfunktion wahrnehmen zu können. Auch Hausverwalter sind nur Menschen und die Wohngeldabrechnungen und die daraus resultierende Betriebskostenabrechnung an die Mieter weisen häufig den einen oder anderen Fehler auf. (Zur Erläuterung: Der Wohnungseigentumsverwalter erstellt jährlich für alle Eigentümer eine Wohngeldabrechnung. In dieser sind alle Kosten, die von der Gemeinschaft zu tragen sind, aufgeführt und nach Eigentumsanteil aufgeschlüsselt. Innerhalb der Abrechnung sind die umlagefähigen Kosten separat ausgewiesen, sodass jeder Eigentümer aus der Wohngeldabrechnung eine Betriebskostenabrechnung ableiten kann.)

Wir hatten hier schon den Fall, dass zum Beispiel Kosten der Garten-pflege als nicht umlagefähig in unserer Hausgeldabrechnung aufgeführt wurden, obwohl es sich hierbei nicht um Instandhaltungsmaßnahmen, sondern um reine Betriebskosten handelte. Auch hier gilt: Vertrauen ist gut, Kontrolle ist besser. Man sollte sich in jedem Fall bereits vorab Ange-bote verschiedener Hausverwaltungen mit einem entsprechenden Leis-tungskatalog einholen und vergleichen.

Diese Anlageform habe ich ebenfalls nur grob angeschnitten, ohne dabei auf sämtliche Details einzugehen. Natürlich fällt auch bei dieser Investiti-on die Motivation und Leistungsbereitschaft eines Anlegers ins Gewicht. Wer anderen die Abwicklung vollständig überlässt, ohne sich in die Ma-terie einzuarbeiten, beziehungsweise wer die laufenden Kosten nicht ent-sprechend kontrolliert, braucht sich später nicht zu beschweren, wenn die Rendite nicht stimmt oder seine Immobilie verwahrlost und somit nicht oder nur schwer vermietbar ist.

Teil 6:
Ziel erreicht!?

Sind Sie schon angekommen?

Da der Begriff finanzielle Freiheit für jeden eine eigene individuelle Bedeutung hat, werden Sie anhand Ihrer Zielsetzung selbst feststellen, wann Sie Ihr Ziel erreicht haben. Schwierig wird es lediglich, wenn Sie Ihre Vorstellungen hierüber nicht im Vorfeld genau festlegen. Dann kann es leicht passieren, dass Sie über das Ziel hinausschießen, ohne das Erfolgserlebnis, das Erreichen der finanziellen Freiheit, wirklich genießen zu können.

In unserem Fall war dies leider so. Wir hatten immer das Ziel vor Augen, die finanzielle Freiheit zu erreichen. Eine genaue Definition dieser Freiheit hatten wir jedoch genauso wenig festgelegt wie einen konkreten Zeitraum zur Erreichung dieses Ziels. Im Großen und Ganzen wussten wir nur, dass wir eines Tages dem Hamsterrad, in dem wir uns befanden, Adieu sagen und einen stressfreien und nach unseren Vorstellungen gestalteten Arbeitsalltag genießen wollten. Wir wollten nicht »im Reichtum schwimmen«, sondern vielmehr durch unsere Kapitalerträge und sonstigen Einnahmen bei bescheidener Lebensweise unsere laufenden Fixkosten sowie Kosten für Konsum, Freizeit und Urlaubsgestaltung abgedeckt wissen.

Dies anhand einer Summe festzulegen, gestaltete sich äußerst schwierig. Man kann zwar seine laufenden Lebenshaltungskosten kalkulieren, doch wie sehen diese ein oder zwei Jahrzehnte später aus? Benötigt man nach einem erfolgreichen Ausstieg aus dem aktiven Berufsleben mehr oder weniger Geld? In welcher Höhe benötigt man Rücklagen für neue Projekte, die man in Angriff nehmen möchte? Wie entwickelt sich der Geldmarkt? Kann man sämtliche Ausgaben durch Kapitalanlagen und Investitionen abdecken?

Glücklicherweise haben wir den Absprung zu einem für uns idealen Zeitpunkt dann doch noch geschafft. Wir genießen unsere finanzielle Freiheit in der von uns neu definierten Form.

Finanzielle Freiheit bedeutet für viele einfach nur, ihren Schulden zu entkommen und sich ein finanzielles Polster zu schaffen, um nicht bei jeder größeren Ausgabe wieder in ein tiefes Loch, verbunden mit etlichen schlaflosen Nächten, zu fallen. Dies war auch die häufigste Aussage, die ich in meinem Bekanntenkreis zu diesem Thema erhalten habe. Ich dagegen sehe diese Auslegung eher als finanziellen Schutz und einen kleinen Schritt in die finanzielle Freiheit an, da mir das Erreichen dieses Ziels noch keine Unabhängigkeit ermöglicht. Aber wie gesagt, die Definition kann jeder für sich und für seine Ansprüche selbst festlegen. Ich bin mir sicher, dass viele Menschen, die dieses Ziel erreicht haben, ihre Definition der finanziellen Freiheit später noch einmal überdenken werden. Die Ansprüche an diese Freiheit werden weiter steigen und als nächste Ziele werden die Kapitalbildung und die Kapitalvermehrung folgen.

Hierbei ist es wichtig, vorab einen festen Zeitraum und die Summe X genau festzulegen, damit man das Ziel täglich vor Augen hat. Sämtliche Anstrengungen und Entbehrungen fallen einem dann weitaus leichter. Bei den Recherchen in meinem näheren Umfeld habe ich immer wieder festgestellt, dass sich die meisten Menschen keine konkreten Ziele setzen. Oft habe ich nur Standardantworten wie: »Ich möchte gern mehr Geld haben«, »Ich möchte gern meine Lebensqualität erhöhen«, »Ich möchte gern genug Geld für schöne Reisen haben« oder »Ich möchte später einmal finanziell abgesichert sein« erhalten. Konkrete Ziele und einen genau festgelegten Weg dorthin konnte ich kaum in Erfahrung bringen.

Lediglich zwei der von mir befragten Personen sprachen als ihr persönliches Ziel die finanzielle Unabhängigkeit in der Form an, dass sie frei in ihrer Entscheidung hinsichtlich ihrer Berufstätigkeit sein könnten. Den Traumberuf konnten beide schnell nennen, lediglich der Weg dorthin war in beiden Fällen überhaupt nicht festgelegt. Ich denke, dass gerade in der heutigen Zeit, wo so viele Menschen einem ungeliebten Job nachgehen, nur um finanziell abgesichert zu sein, dieses Ziel der finanziellen Freiheit sehr hoch zu bewerten ist und jede Anstrengung lohnt.

Um das finanzielle Risiko eines Berufswechsels abzusichern (beispielsweise bei Kündigung während der Probezeit), ist eine gewisse Rücklage unbedingt erforderlich. Auch hier ist es schwierig, bereits im Vorfeld einen genauen Betrag festzulegen. Wer in seine Überlegung gleich das Arbeitslosengeld mit einfließen lässt, hat den Sinn und Zweck dieses Buches leider überhaupt nicht verstanden. Denn wir wollen unsere Entscheidungen ja eigenverantwortlich in die Hand nehmen. Ich persönlich würde daher die Höhe der finanziellen Absicherung anhand meiner monatlichen Ausgaben festlegen und diesen Betrag mit drei multiplizieren. Sollte der künftige Traumjob mit einer längeren Umschulungs- oder Weiterbildungsmaßnahme verbunden sein, ist der Multiplikator natürlich entsprechend der dafür erforderlichen Monate höher anzusetzen. Natürlich ist auch dies keine Form der völligen finanziellen Unabhängigkeit, aber sie ermöglicht es uns zumindest, unserem Traumberuf, der für viele den eigentlichen Lebensmittelpunkt darstellt, ein Stück näher zu kommen.

Wichtig ist, dass Sie sich nach Erreichen eines Ziels ein neues Ziel setzen, welches zu Ihrer finanziellen Freiheit und/oder Ihrem persönlichen Wohlbefinden beiträgt. Ich hatte mir nach dem Erreichen unserer finanziellen Freiheit unter anderem das Ziel gesetzt, innerhalb von längstens zwei Jahren das Manuskript für dieses Buch zu schreiben, es verlegen zu lassen und auf den Markt zu bringen. Auch hierfür wurde ich von vielen Mitmenschen nur belächelt oder mit gut gemeinten Ratschlägen bedacht wie: »Leute wie du und ich schreiben keine Bestseller! Du wirst keinen Verlag finden, der dieses Buch druckt.« Ich bin diesem Ziel jedoch mit Hingabe und Leidenschaft nachgegangen. Dass Sie heute dieses Buch in den Händen halten, ist ein Zeichen dafür, dass man fast alles erreichen kann, wenn man es sich von ganzem Herzen wünscht und mit Kraft und Ausdauer das einmal gesteckte Ziel unbeirrt verfolgt.

Niemand kann einem garantieren,
dass man ein Ziel in einer bestimmen Zeit erreicht,
aber man wird garantiert nie ein Ziel erreichen,
das man sich nie gesetzt hat.
David McNally

Entspannt und befreit neue Ziele ansteuern – Chillen auf sicherem Niveau

Wenn es mit den Sparmaßnahmen und den Einnahmen beziehungsweise der Geldanlage geklappt hat, sollte man anfangen, die richtigen und für einen selbst wichtigen Ziele seines Lebens für sich zu entdecken. Wie bereits in den vorausgegangenen Kapiteln erläutert, geht es auch dann sicher nicht ganz ohne Arbeit. Wir sollten uns jedoch jetzt anhand des Erreichten die Möglichkeit geben, unser Augenmerk auf andere wichtige Dinge im Leben zu richten. Mehr Zeit mit der Familie, Freunden und Bekannten zu verbringen oder sich intensiver einem geliebten Hobby zu widmen, gehört vielleicht auch für Sie dazu.

Als mein Mann und ich unser Unternehmen im letzten Jahr verkauften, um endlich mehr Zeit zu haben, uns persönlich weiterzuentwickeln und unseren noch unerfüllten, jetzt vorwiegend immateriellen Wünschen und Träumen näher zu kommen, wurden wir von vielen für verrückt gehalten. Ein gut gehendes Unternehmen in der heutigen Zeit aufzugeben und eine persönliche, zeitlich noch unbegrenzte Auszeit zu nehmen, das war für die meisten nicht nachvollziehbar, zumal wir überall nur als Workaholics wahrgenommen wurden.

Diese Ansicht war verständlich, da wir rund um die Uhr nur für das Unternehmen gearbeitet haben und nicht selten mitten in der Nacht aufgestanden sind, um die Lösung für ein Problem zu finden oder neue Ideen festzuhalten. Auch unsere privaten Unterhaltungen drehten sich fast ausschließlich um die Firma. Nicht selten mussten wir Familienausflüge oder Feiern mit Freunden absagen, da betriebsbedingt wieder einmal etwas dazwischengekommen war oder wir eine dringende Terminsache erledigen mussten. Das Unternehmen florierte, wir dagegen waren in einem Hamsterrad gefangen. Das war uns nicht bewusst, da wir beide unsere tägliche Arbeit liebten und in ihr voll und ganz aufgingen. Umso überraschender war unsere Entscheidung verständlicherweise uns besonders Nahestehenden.

Eine Freundin, mit der ich seit Jahren kaum Kontakt hatte, überraschte mich mit folgenden Glückwunschzeilen zu unserer Veränderung: »Ich halte es überhaupt nicht für verrückt, eher für einen Glücksfall, wenn ihr gemeinsam, zum gleichen Zeitpunkt, zu diesen Erkenntnissen gekommen seid, die euch dahin gebracht haben, euer Leben zu verändern. Oft ist es ja in einer Beziehung so, dass einer etwas verändern möchte, aber für den anderen entweder die Art der Veränderung oder der Zeitpunkt nicht passt.« Ich denke, dass man es zusammenfassend kaum besser ausdrücken kann.

Im Vorfeld hatten wir uns vor unserer Entscheidung erst einmal hingesetzt und alles aufgeschrieben, was wir gern machen würden und wozu wir bisher, in erster Linie aus Zeitgründen, nicht oder zu wenig kamen. Ich kann Ihnen sagen, die Liste wurde extrem lang!

Natürlich haben wir auch abgewogen, ob wir einfach nur ausgebrannt sind und eine Auszeit benötigen. Nach einigen Überlegungen war uns jedoch klar, dass nach einer solchen Auszeit der Kreislauf wieder von vorn beginnen würde.

Obwohl wir sicher noch nicht bis ans Ende unserer Tage ausgesorgt haben und auch unsere neu gewählte Lebensform und unser neuer Lebensstil mit einigen Anstrengungen verbunden ist (Sie sollten uns einmal sehen, wenn wir unseren Autoanhänger mit Werkzeug vollpacken, um als »Heimlich, die Baumeister« Instandhaltungsmaßnahmen an unseren Objekten durchzuführen!), haben wir den Schritt, das Unternehmen zu verkaufen, jedoch bis heute nicht bereut.

Extrem verwundert haben mich jedoch die Ansichten vieler Mitmenschen. Fast jeder Zweite fragte uns, ob wir denn jetzt auswandern würden. Natürlich hat bestimmt jeder schon einmal mit solchen Auswanderungsgedanken geliebäugelt. Wir haben diese Lebensart für uns jedoch nie ernsthaft in Erwägung gezogen. Es ist sicherlich schön und gut für das allgemeine Wohlbefinden, wenn man die meiste Zeit des Jahres mit viel Sonnenschein verbringen kann. Aber ist das wirklich alles?

Ich denke, dass die enorm gestiegenen Auswanderungszahlen deutscher Mitbürger nicht selten auf einer inneren Unzufriedenheit beruhen. Wem es jedoch in seiner Heimat nicht gelingt, ein glückliches und zufriedenes Leben zu führen, der wird auch im Ausland auf einige Schwierigkeiten stoßen. Entweder muss man auch dort weiterarbeiten, um sein tägliches Brot zu verdienen, und ist nicht selten einem größeren Druck (insbesondere durch eine mangelnde soziale Absicherung) ausgesetzt als in Deutschland, oder aber man setzt sich dort wirklich zur Ruhe und beginnt sich nach kürzester Zeit zu langweilen. Ich selbst habe auf meinen Reisen bisher einige deutsche Auswanderer erlebt, die aus lauter Langeweile einem extremen Alkoholkonsum verfallen sind.

Natürlich muss jeder eine solch große Entscheidung für sich allein treffen. Aber ich denke, dass viele ziellos diesen Plan in die Tat umsetzen, um in erster Linie weniger Stress und ein freieres Leben zu erreichen. Was dies auf längere Sicht bedeutet, wird selten gründlich überdacht.

Wir gönnen uns zwar inzwischen den Luxus, mehrmals im Jahr in den Urlaub zu fahren. Genauso freuen wir uns dann aber auch wieder auf unser Zuhause und die auf uns wartenden Aufgaben. Wichtig ist uns nach unserem Ausstieg aus dem aktiven Berufsleben von Anfang an gewesen, dass wir uns nicht gehen lassen, sondern jeder für sich einen festen Tagesplan mit Dingen aufstellt, die an diesem Tag erledigt werden müssen. Ebenso aber auch mit Aktivitäten, die man gern machen möchte. Wir achten darauf, keine Leerläufe zu haben, denn dann besteht die Gefahr des Abhängens.

Für uns ist das Ganze trotzdem Erholung pur! Endlich sind wir nicht mehr für das Tun anderer verantwortlich, müssen nicht mehr für andere Personen mitdenken und können uns unsere Zeit nach unseren Vorstellungen einteilen und uns mit vielen neuen, bisher von uns unentdeckten oder vernachlässigten Gebieten beschäftigen.

Mein Mann hat in diesem Jahr einen Motorsägen-Lehrgang besucht und sich mit einigen Freunden zusammengeschlossen, um selbst Holz zu machen. Ein neues nützliches Hobby, das zudem noch mit jeder Menge Spaß verbunden ist. Danach legt man einen Holzscheit viel bedächtiger in den Ofen, als wenn man das Holz für teures Geld angeliefert bekommt.

Ich konnte seitdem neben der zeitlichen Erweiterung meines Aktienhobbys mein Talent im Bereich der Modeschmuckgestaltung testen, dieses Buch schreiben, vermehrt meiner geliebten Gartenarbeit nachgehen und meine eingerosteten Kochkünste wieder auf Vordermann bringen. Auch habe ich mich von meiner Putzfrau getrennt. Dass dies der Erhöhung meiner Lebensqualität dient, konnte bisher keiner nachvollziehen. Allerdings vertrete ich die Auffassung, dass Lebensqualität völlig subjektiv ist und für jeden eine andere Definition hat. Ich fühle mich wohler, wenn ich unser Haus selbst putze. So bin ich frei in meiner Entscheidung, wann ich welche Maßnahme für wichtig und vorrangig halte, und bestimme nicht nur den Zeitpunkt, sondern auch die Intensität nach meinen eigenen Vorstellungen. Es gibt mir ein Gefühl der Zufriedenheit, dient meiner körperlichen Fitness und spart darüber hinaus noch einige Euro ein. Was will ich mehr?

Für mich gibt es nichts Schöneres, als nach getaner Arbeit mit einem Gläschen Wein auf unserer Veranda zu sitzen, mit Freunden oder Nachbarn einen gemütlichen Abend zu verbringen und gleichzeitig unseren wunderschönen Garten sowie die Natur ringsherum zu beobachten. Ich weiß diesen Luxus an Freizeit sehr wohl zu schätzen. Auf der anderen Seite macht es mich immer wieder traurig, wenn ich Menschen beobachte, die ziellos ihren Wünschen und Träumen hinterherjagen und letztendlich unglücklich und oft von Sorgen geplagt das Leben so wenig genießen können.

Wie glücklich mich die Auswirkungen unseres unabhängigen Lebens machen, wurde mir letztens beim Einkauf in unserem kleinen Heimatort erst klar. Seit ich mehr freie Zeit zur Verfügung habe, genieße ich auch den einen oder anderen Plausch mit anderen Dorfbewohnern, an denen ich früher nur mit einem flüchtigen Gruß vorbeigehetzt bin. Als ich das Geschäft mit einem freudigen Hallo betrat und auf die Frage »Wie geht es dir?« mit »Sehr gut« antwortete, fragte mich eine ältere, mir bisher unbekannte Dame, wo ich meine positive Ausstrahlung hernehmen würde. Sämtliche Kunden, die vor mir das Geschäft betraten, hätten auf die gleiche Frage mit »Schlecht, zu viel Stress« geantwortet, auf das schlechte Wetter hingewiesen oder mit Krankheitsberichten gedient. In diesem Moment wurde mir erst richtig bewusst, wie gut es mir wirklich geht.

Durch die nun gewonnene Freizeit komme ich auch regelmäßig in den Genuss eines Mittagsschläfchens. Diese Praxis des Entspannens praktizieren meine Eltern – von mir oftmals belächelt – schon seit Jahren. Mir wurde erst jetzt bewusst, dass dieses »power napping« die Ursache dafür ist, dass sie trotz ihres Alters oft bis in die Nacht hinein aktiv sein können. Sie besuchen Konzerte und andere kulturelle Veranstaltungen, treiben Sport, lernen noch Sprachen, gehen ihren zahlreichen Hobbys nach, treffen sich mit Freunden und viele Dinge mehr, statt wie andere abends vor dem Fernseher einzuschlafen. Oberstes Gebot ist für sie mittags dabei immer, »nie länger als ein Viertelstündchen« und so bequem wie möglich zu ruhen. Dass dieses Krafttanken bereits in verschiedenen asiatischen Ländern in Betrieben praktiziert wird, um Konzentration und Leistungsbereitschaft der Mitarbeiter zu stärken, hatte ich zwar schon gelesen, aber immer als unrealistisch für deutsche Verhältnisse abgetan. Heute denke ich aufgrund der gemachten Erfahrung ganz anders darüber. Sicherlich könnte diese Zielsetzungsstrategie auch hier in unseren Unternehmen zu mehr Lebensqualität für die Mitarbeiter und mehr Erträgen für die Firmen führen.

Sehr stolz hat es mich gemacht, dass wir all unsere Ziele durch Arbeit und Entbehrungen erreicht haben und uns daher kaum jemand mit Neid, sondern alle eher mit einer gewissen Anerkennung für unsere Leistung begegnen. Die Anstrengungen der vergangenen Jahre und die wenig in Anspruch genommene Zeit zum Abchillen haben sich für uns voll und ganz gelohnt!

Hierzu fällt mir zum Abschluss noch folgendes Zitat ein:

Man kann einen Menschen nichts lehren,
man kann ihm nur helfen,
es in sich selbst zu entdecken.

Galileo Galilei

Ich hoffe, dass ich mit diesem Buch dazu beitragen konnte.

Danksagung

Ein ganz besonderer Dank gilt meinem Mann, der immer daran geglaubt hat, dass ich irgendwann mein eigenes Buch verfassen werde, und mir während des Schreibens den Rücken freigehalten und mit Rat und Tat zur Seite gestanden hat. Insbesondere danke ich für sein Verständnis bezüglich meiner ständigen geistigen Abwesenheit während dieser Zeit. Auch möchte ich ihm und Christian Schmidt danken für die wertvollen Anregungen bezüglich der Covergestaltung.

Danken möchte ich auch meinen Eltern und Schwiegereltern, die, jeder auf seine eigene Art, verantwortungsbewusste Kinder großgezogen und ihnen die wirklich wichtigen Dinge des Lebens vermittelt haben. Alles, was wir erreicht haben und was wir heute sind, hätten wir ohne euch nicht geschafft.

Danken möchte ich an dieser Stelle auch meinen ehemaligen Mitarbeiterinnen in unserem sehr jungen Team, die das Vertrauen hatten, mir ihre Sorgen und Erfahrungen mitzuteilen und auch immer wieder Ratschläge angenommen und umgesetzt haben. Hierdurch sind mir viele Probleme der jungen Generation von Anfang bis Mitte zwanzig erst bewusst geworden.

Ebenso möchte ich mich bei meinen Schwestern und ihren Ehemännern sowie meinen Cousins bedanken, die mir durch ihre teilweise sehr unterschiedliche Art, die Dinge anzugehen, viele Denkanstöße lieferten und so zu einer differenzierenden Betrachtungsweise verhalfen.

Ein ganz besonderes Dankeschön geht an alle lieben Freunde und Bekannten, die mich durch ihre Begeisterung für diese Thematik sowie eifrige Nachfragen und Anregungen immer wieder zum Schreiben angehalten haben. Ich hoffe, dass ich ihrem größten Anliegen, einen leicht verständlichen Erfolgsratgeber für jedermann zu schreiben, bei dem der Humor nicht ganz auf der Strecke bleibt, nachkommen konnte.

Speziell für die Unterstützung bei der Überarbeitung des Manuskriptes danke ich auf diesem Weg noch einmal meiner »kleinen« Schwester Judith und meiner Mama Ilse.